APRENDER A CUIDAR NA CONVIVÊNCIA

APRENDER A CUIDAR NA CONVIVÊNCIA

MAGDA VILAS-BOAS

Edições Loyola

Dados Internacionais de Catalogação na Publicação (CIP)
(Câmara Brasileira do Livro, SP, Brasil)

Vilas-Boas, Magda
Aprender a cuidar na convivência / Magda Vilas-Boas. -- 1. ed. -- São Paulo : Edições Loyola, 2013.

ISBN 978-85-15-04074-2

1. Convivência 2. Educação - Finalidades e objetivos 3. Pedagogia 4. Psicologia social 5. Relações interpessoais I. Título.

13-11579 CDD-370.115

Índices para catálogo sistemático:

1. Pedagogia da convivência : Educação 370.115

Preparação: Maurício Balthazar Leal
Capa: Walter Nabas
Foto de matka_Wariatka/© PhotoXpress
Diagramação: Ronaldo Hideo Inoue
Fotos: Carol Nogueira
Revisão: Renato da Rocha

Edições Loyola Jesuítas
Rua 1822, 341 – Ipiranga
04216-000 São Paulo, SP
T 55 11 3385 8500
F 55 11 2063 4275
editorial@loyola.com.br
vendas@loyola.com.br
www.loyola.com.br

ISBN 978-85-15-04074-2

A criança é feita de cem. A criança tem cem mãos, cem pensamentos, cem modos de pensar, de jogar e de falar. Cem sempre.

Cem modos de escutar, cem alegrias para cantar e compreender. Cem mundos para descobrir, cem mundos para sonhar.

A criança tem cem linguagens (e depois cem, cem, cem), mas roubaram-lhe noventa e nove. A escola e a cultura lhe separaram a cabeça do corpo. Dizem-lhe de pensar sem as mãos. De fazer sem a cabeça. De escutar e de nada falar. De compreender sem alegrias. De amar e maravilhar-se só na Páscoa e no Natal.

Dizem-lhe de descobrir o mundo que já existe. E de cem roubaram-lhe noventa e nove.

Dizem-lhe que o jogo e o trabalho, a realidade e a fantasia, a ciência e a imaginação, o céu e a terra, a razão e o sonho são coisas que não estão juntas.

Dizem-lhe que as cem linguagens não existem.

A criança diz:

Ao contrário, as cem existem.

Loris Malaguzzi

Projeto Buriti Mirim

dedicatória

Para as crianças das diferentes idades que têm a alma nos olhos, a alegria pulando corda e o amor brincando de bolhas de sabão. **Ana Carolina** e **Caio**, vocês estão nessa!

agradecimentos

Ao Gil Stelvio e à Helen, QUERIDOS E AMADOS, pela colaboração no suporte tecnológico durante a execução desta obra.

Aos queridos amigos Niuvenius Junqueira Paoli e Soeli Carmen Zanatta, por batizarem o livro com esse título.

Ao Colégio Claretiano Dom Cabral, de Belo Horizonte, nas pessoas:

Diretor Verner Roque Klafki,

Coordenadora Denize Fernandes de Faria Veloso,

Professoras Angela Soares Silva Santos e Ana Penha Nacif Porto,

Recepcionista Angela Aparecida Geronymo da Silva,

Pais dos alunos da Educação Infantil, pela presteza com que colaboraram na ilustração dessa obra com carinho e carinhas tão lindas, incluindo, claro, as dos meus netos "sapecas": Ana Carolina e Caio.

sumário

apresentação

O cerne desta obra evidencia e abre portas para refletirmos sobre a Educação brasileira diante das inúmeras situações do cotidiano e dos vários "galhos" dessa grande árvore. Permite-nos reflexões, principalmente sobre as tarefas que visam formar educandos com qualidade. A analogia entre Educação e a árvore condiz com a palavra Educação impregnada de todos os seus valores e responsabilidade sobre as pessoas nas mais diversas atitudes. Evidenciar reflexões sobre a prática educacional nos proporciona desenvolvimento intelectual profundo e mais profissional, além de responsável.

Assim, é com muito orgulho que apresento mais uma grande obra da autora *Magda Vilas-Boas*, que nos permite olhares através das novas lentes de uma Educação estratégica, que motiva a ação de levar e fazer que os educandos visualizem e consigam novos interesses, como cidadãos respeitados e coerentes com a vida e o contexto social atualizado. A autora estimula ações para a Educação dos verdadeiros sentidos, a percepção mais coerente com a realidade, a harmonia entre corpo e mente, a calma, a tranquilidade e o equilíbrio nesse desenvolvimento emocional. A prática que deve ser executada pelos educadores resgata valores e virtudes para ampliar, de forma fraterna e amorosa, o autoconhecimento. Aquilo que se faz com amor é feito muito melhor.

Diante das tendências ampliadas das mais variadas formas de violência em nossas vidas, sabemos que algo precisa ser modificado. O que vínhamos fazendo já não faz sentido e, portanto, mudanças são necessárias. O ser humano necessita ser educado para a vida.

Independentemente dos limites que perfazem o círculo educacional, cada um tem o seu limite, e o melhor de cada um é o seu máximo.

A organização desta obra permite a elevação e a sequência lógica do desenvolvimento do próprio ser, idealizado pela sua formação e pelos seus interesses. Destaca, inicialmente, a reflexão sobre a convivência e o histórico de cada educando, seus valores e experiências, além de como se aprende com as relações e reações —

ambiente, família, os outros e ele mesmo —, que são importantes para o desenvolvimento de condições favoráveis para enfrentar as mudanças e os desafios. Os momentos de aprendizado seguintes nos elucidam as capacidades que temos de nos adaptar aos outros, com seus valores, suas ideias, seus modos e suas formas de ver a vida — somos únicos e capazes de promover a paz. A Educação para a convivência engloba a preservação da dignidade humana e a busca de estratégias direcionadas. Essa tarefa se inicia na família e na escola, para que, quando crescidos, os jovens e as crianças possam encontrar a solução pacífica dos conflitos. Na família, com suas diversidades de culturas e formas de vida e, na escola, com o exercício da convivência — sentimentos, valores, reações e conquistas. O processo emocional vivenciado na infância, que, muitas vezes, leva a formas negativas de comportamento, precisa ser trabalhado com o intuito de obter a harmonia do ser humano.

E essa harmonia é conseguida a partir do desenvolvimento da sensibilidade, da comunicação e do respeito pela intimidade e interiorização de cada um. O resgate da criança interior sadia, dando-lhe permissão de ser íntegra e feliz, vai fazer com que o ser humano se sinta responsável pelo crescimento próprio, sabendo lidar com os desafios encontrados na vida.

Por fim, atividades corporais, relaxamento, vivência e dicas de convivência são propostas práticas a serem desenvolvidas nas várias áreas, que permitem saborear cada linha, cada detalhe deste novo e rico aprendizado.

Desejo a todos uma ótima leitura e que possam inserir momentos destacados nesta obra em suas práticas educacionais e, quem sabe, colher dessa grande árvore saborosos frutos.

Abraços,

Humberto Marcondes Estevam

Pós-Doutor em Educação pela
Universidade Federal de Uberlândia (MG)
Uberaba, 18 de junho de 2013

prefácio

A Educação não é um processo que consiste apenas em transferir ou passar conhecimentos, mas algo muito mais rico, que permite sua construção e sua multiplicação. Ensinar e aprender são partes indissolúveis desse processo, que se dá pelo encontro delas: o desejo de ensinar e o desejo de aprender. É importante que, nessa congruência a magia, a alegria e a beleza não se esgotem nas conquistas do que se aprendeu, mas, sobretudo, no processo de busca desse conhecimento. Os homens se educam pela relação que constroem entre si.

Um dos princípios que regem a convivência humana é o pressuposto de que todos nós somos, por natureza, educadores — como irmão, como pai, como esposo, como profissional, como professor, como empresário, enfim, como ser integral e integrado que somos. Nesse sentido, a educação como instrumento de transformação da sociedade só cumpre seu papel se consegue transformar o homem, pois este é quem a transformará. A sociedade, por si só, não se transforma, a não ser pelas mãos humanas.

O modelo de educação familiar, no qual os filhos temiam os pais, a pretexto de ser uma atitude de respeito e amor, bem como o oposto, como o que temos hoje, em que os pais temem os filhos, pela sua arrogância, prepotência e interferência no seu modo de vida, são atualmente questionáveis.

A convivência amorosa, como um vetor qualificativo desse processo de educação familiar, pela sua condição cativante e legitimadora, permitirá que uma atitude firme e respeitosa dos pais passe a governar a vida dos filhos e que suas ações de liderança junto a estes sejam proativas e irrigadas de respeito, harmonia, compartilhamento, diálogo, compreensão e limites.

Estas são algumas virtudes que temos de desenvolver se desejamos criar filhos seguros de si, respeitosos com o próximo, responsáveis pelos seus atos e livres para uma vida em sociedade. A postura entre pais e filhos deve ser, então, de um modo que se estabeleçam vínculos amorosos, de cooperação e duradouros.

Temas atuais e desafiadores como estes são tratados com toda profundidade e sabedoria nesta obra, pela Professora Magda Vilas-Boas. Profundidade, como acadêmica rica, de sólida formação e habilidade singular na lida com as letras, pela larga experiência como escritora. Afinal, esta é a sua 8ª obra. Sabedoria, pelo seu tempo de experiência de vida plena, no tratamento das relações humanas.

A obra trilha, com a leveza da pluma, entre a fundamentação teórica e histórica, de um lado, e a prática para aplicação no dia a dia da família, de outro. São apresentados vários exercícios de relaxamento e vivências, que vão permitir ao leitor a construção de novos conceitos ligados aos valores humanos e transformadores. É uma possibilidade única de colocar em prática todas as estratégias concebidas para a melhoria da convivência familiar.

Nos capítulos 9 a 14, são apresentados um conjunto de seis exercícios de vivências que vão permitir uma rica experiência de convivência e interação familiar. Os exercícios são bem estruturados e pormenorizados, inclusive com sugestões de músicas e ações. Pode parecer que se destinem somente às famílias que possuem filhos pequenos, mas não. São perfeitamente adaptáveis às famílias com filhos de qualquer idade, pois os exercícios fazem brotar o lado criança de todos nós. Além do mais, a autora é muito habilidosa em sua criação e seu desenvolvimento.

Pela atualidade do tema e pelo quadro de referência teórico em que se apoia, o livro se constitui ainda em um ensaio crítico da educação moderna, com todos os desafios contemporâneos, onde o recorte do aprendizado na e para a convivência se constitui no ponto alto da obra. Explora o tema com maestria, não deixando de lado nenhum ponto de contorno, sem uma abordagem. Destaque para o traço do *amor* ao longo de todo o percurso em que aborda o tema, na certeza de que este é o ingrediente maior para uma educação transformadora e crítica ao mesmo tempo. Transformadora, pois que o amor exigente passa a ser um atributo de fogo, tal qual transforma o mineral bruto em pedra preciosa e mantém o brilho reluzente da chama que nunca se apaga. Crítica, porque as estratégias e as dinâmicas concebidas, já testadas ao longo de muitos anos, a despeito de fluir para o leitor numa cadência delicada, sem que este perceba, elas exercitam o ofício da crítica. Não a crítica pela crítica, mas a crítica com a descoberta, a crítica que engrandece, a crítica que questiona.

Estas são, pois, as nuances desta obra, que com muito orgulho compartilho com os leitores daquela que comigo se nutre da seiva da vida.

José Homero Adabo
Mestre em Ciências Sociais pela Fundação Escola
de Sociologia e Política de São Paulo — IC/USP (1980)
e Professor dos cursos de Economia e Contabilidade
da PUC-Campinas (de 1975 a 2009)

um
introdução

É com grande alegria, leitor, leitora, poder compartilhar com vocês esta obra. Todos nós, pais e educadores, trazemos inquietações em relação à maneira adequada de transmitir aos educandos valores essenciais para a vida, maneiras mais adequadas de direcionar a desafiante tarefa de orientação, educação e desvelo pelas pessoas que tanto amamos e para quem desejamos vida plena de realizações e de felicidade. Com certeza, vocês as têm também. Partilhemos então um mesmo projeto: tornar o ser humano mais humano nas pessoas da criança e do adolescente.

Este livro tem o objetivo de refletir sobre a educação, de trazer alguma luz, algumas estratégias que já foram eficientes pela experiência não só minha, mas de uma gama de outras pessoas, estudiosos no assunto e educadores sérios, comprometidos com a educação, profundamente empenhados e amorosos.

Vivemos um grande desafio na educação. Somos gerações de pais e professores decididos a não repetir com os filhos os erros de nossos progenitores, mesmo sabendo que eles fizeram o melhor deles. E com o esforço de abolir os abusos do passado somos os pais mais dedicados e compreensivos, mas, por outro lado, os mais ansiosos e inseguros que já houve na história. Há também a situação de que estamos lidando com crianças mais "espertas", ousadas, agressivas e poderosas do que nunca. Parece que, em nossa tentativa de sermos os pais que queríamos ter, passamos de um extremo ao outro. Assim, muitos de nós fomos a geração de filhos que obedeceram a seus pais e somos a geração de pais que obedecem a seus filhos. Os que tiveram medo dos pais e os que temem os filhos. Os que cresceram sob o mando dos pais e os que vivem sob o jugo dos filhos. E o que é pior: fomos muitos daqueles que respeitaram os pais e somos os que aceitam que os filhos nos faltem com o respeito. Na medida em que o permissível substituiu o autoritarismo, os termos das relações familiares mudaram de forma radical, para o bem e para o mal. Com efeito, antes se consideravam bons pais aqueles cujos filhos se comportavam bem, obedeciam a suas ordens e os tratavam com o devido respeito. E bons filhos, as crianças e os adolescentes que eram formais e veneravam seus pais. Mas, na medida em que as fronteiras hierárquicas entre nós e nossos filhos foram se desvanecendo, percebe-se que os bons pais são aqueles que conseguem que seus filhos os amem e, ainda que pouco, os respeitem. E são os filhos quem agora esperam respeito de seus pais, pretendendo de tal maneira que respeitem suas ideias, seus gostos, suas preferências e sua forma de agir e viver. E, além disso, que os patrocinem no que necessitarem para tal fim. Quer dizer, os papéis se inverteram e agora são os pais que têm de agradar a seus filhos para ganhá-los e não o inverso, como no passado. Isso explica o esforço que fazem hoje tantos pais e mães para serem os melhores amigos e "tudo dar" a seus filhos. Se o autoritarismo do passado encheu os filhos de medo de seus pais, a debilidade do presente os preenche de medo e menosprezo ao nos ver tão débeis e perdidos como eles. O equilíbrio, o caminho do meio está por acontecer: respeito, harmonia, compartilhar, dialogar, compreensão e limite são virtudes que temos de desenvolver em nós, educadores, e em nossos educandos.

Na verdade, vivemos um momento de desafio educacional porque estamos no meio de uma enorme crise de valores, em função da globalização, de transformações filosóficas radicais, profundas e velozes, não só no país como no planeta. Os nossos pais e avós podiam decidir que valores nos transmitir. Eram seguros de que a educação que davam era a mais certa (não significa que a educação do passado era melhor ou perfeita). Hoje, não podemos fazer o mesmo por nossos educandos. Os meios de comunicação estão invadindo nossos lares e passando valores que não são os nossos. Os educadores atuais estão inseguros quanto a que valores devem transmitir, instáveis em relação aos seus próprios. Portanto, toda e qualquer situação externa à escola e ao lar impõe esses valores, que muitas vezes levam a criança e o adolescente a optar por caminhos que os transformam em seres dependentes do pensamento, da autonomia, da intenção dos outros, uma vez que tomam atitudes impensadas e não direcionadas, pois ainda não têm consciência crítica para optar pelos valores mais edificantes, por isso precisam do apoio, da interação e da condução do adulto equilibrado. Precisamos resistir bravamente à banalização do mal, das violências, da discriminação, do desrespeito pelas pessoas e por todos os seres. É tão imprescindível uma nova postura de acolhimento e manifestação de amor e respeito ao outro! E a expressão dessa postura deve ser pautada pela disponibilidade, pela abertura para o diálogo e pela valorização das relações solidárias. Assim, qualquer pessoa se sentirá acolhida, ouvida, valorizada, integrada em sua família, em seu grupo e amada. E nossos alunos, a partir do desenvolvimento da autoestima, terão disponibilidade para a aprendizagem. É essa a proposta da chamada pedagogia da convivência, também conhecida como "pedagogia do coração" (JARES 2008, p. 29).

A nossa realidade, em que o *ter* é mais importante que o *ser*, em que o esforço de conseguir mais e mais é mais importante que usufruir o prazer de experienciar, de saborear as coisas, o alimento, o carinho, a alegria, a convivência familiar e escolar, tem nos deixado frágeis e atordoados. Nesse ter empregamos toda a nossa vida, o que nos traz grande desgaste, além de insegurança e mágoas, pois não podemos ter tudo o que queremos. Penso que na realidade nem queremos; mas não temos tempo de parar para pensar, refletir sobre o propósito da vida: passa por nós um furacão atropelante de valores medíocres e nós, como folhas secas (secas porque sem objetivos, vazios de vida plena), vamos sendo levados para não sei onde (este é o itinerário do vento), para uma vivência sem graça, sem realidade, para a morte do ser e do sentir.

As crianças e os adolescentes veem a propaganda de um brinquedo, pedem-no, querem-no. E insistem. E nós, adultos, por medo, insegurança ou mesmo querendo ser "bonzinhos", damos. Mas amanhã a máquina do consumismo imporá um novo brinquedo, um novo iPod, um novo celular, um tênis moderno. E depois outro e mais outro, e assim sucessivamente. O que acontece? Entramos num círculo vicioso e numa luta incansável de querer trabalhar cada vez mais para dar sempre mais conforto e prazer à família. Daí ficarmos menos tempo no lar e menos tempo com as pessoas que amamos. Damos as coisas e não nos damos, não temos tempo para isso. Muitas vezes até damos o nosso tempo, mas não nos damos. E não nos damos porque não recebemos. A nossa criança está rancorosa, insatisfeita, porque ela não teve espaço para ser criança. Falo da nossa criança interior, do nosso ser mais íntimo, capaz de se tornar alegria, prazer e liberdade de ser. Ou não tivemos na nossa infância, ou não nos damos, atualmente, espaço para nos entregarmos ao prazer, ao relaxamento, ao desfrute. Assim, perdemos a ideia de paternidade, de ser educadores, tornamo-nos confusos e nos sentimos culpados, em prejuízo de nossa vivência real e verdadeira. Nós, educadores, não temos tempo para perceber que o que recebemos na infância pode hoje ser ressignificado e transformado. Somos seres resilientes, flexíveis, poderosos para nossa transformação constante, e não destinados a sofrer as mazelas emocionais e transmiti-las aos nossos educandos sem reflexão e compreensão.

Recordei-me de uma oração que li: a "Oração do pai contemporâneo". Ela ilustra bem a angústia e a insegurança de tantos pais e mães:

> Dai-me, meu Deus, a luz da Vossa Inspiração. Quero educar meus filhos para a ternura e a tolerância e para a compreensão do próximo. Assim tenho feito. Mas por que os ternos e os doces acabam raros estranhos, quase marginais, sem chance de fazer ou criar, na dura competição da vida?
>
> E se os educo na linha da dureza e da exigência, formarei homens eficazes, atletas do saber e do fazer, padrões de êxito externo, brilho e posição. Mas os que conheço assim, sinceramente, são felizes? Como, se trocaram suas pessoas pelo papel que desempenham?
>
> Às vezes, meu Pai, penso em não interferir. Em deixar que o que há neles de seu, de atávico, de hereditário e de intransferível os vá ensinando. Mas eu venho de um tempo em que ficou moda deixar a criança entregue a si mesma para não "frustrar". Depois vi esses meninos "sem frustração", crescidos, afundando-se na mais com-

pleta desagregação, berrando sua solidão e o "me protege, pai", "me protege, mãe" disfarçados em agressividade, autodestruição e negação sem afirmação compensatória.

Será que a educação de meus pais, aquela durona, do "não pode", "não deve", "é pecado", "eu não quero", "você vai ser igual a mim", "vai seguir minha carreira", será que essa é a certa? Mas quantos, Senhor, vindos dela, vi resvalar na vala da amargura, da vida não vivida, da revolta sem remédio?

Eu gostaria de só lhe falar do amor possível, da importância do sentimento do outro, da capacidade de ver e sentir o próximo, como aprendi nos livros, com os mestres, e sempre tentei, talvez sem conseguir. Mas não estarei formando um puro, mais um sem-vez neste mundo?

Posso acentuar o senso de justiça que nele vejo inato, desde pequenino. Mas não estarei formando um suicida?

Posso ensinar-lhe as mil regras do bom senso, da capacidade de compreender e ajustar-se. Mas ao formar um ajustado não estarei criando apenas mais um número na multidão de concordâncias cômodas?

E se o envio a um analista? Não estarei preparando um especialista em dúvidas? Alguém que compreende demais a tudo e a todos, e nunca age?

Quem sabe, meu Pai, limite-me a passar-lhe todos os meus valores de vida, aqueles que herdei de meus pais, e os outros que colhi sofrendo sozinho. Valerão algo num mundo que muda a cada dez anos mais do que em todos os anteriores?

Se lhe digo o que penso, invado sua liberdade. Se nada lhe falo, peco por omissão. Se discuto, acabo impondo. Se imponho, esmago. Se calo, consinto. Se consinto, acabo perdendo-o, e isso não saberei suportar.

Se lhe exijo estudo, sei que vou formar alguém que amanhã pode me perguntar por que tanta ciência se a vida natural é mais sau-

> dável. Se o tiro do colégio fico responsável por uma ignorância que o pode aterrar.
>
> Dai-me, Senhor, a luz de um caminho, uma honesta opção para quem, como eu, sabe do mundo, conhece-lhe as esperanças, grandezas e também as curvas da emboscada, alguém como eu, que aspira ao absoluto e aos valores nos quais, teimoso, não deixou de crer[1].

É hoje o momento exato de parar para refletir, para encontrar formas adequadas; não podemos ficar na posição de vítimas e ou pessoas que nada conseguem. Sentimo-nos confusos, mas é importante crer sempre que há uma saída. Temos dentro de nós a energia, a vontade de acertar. É importante que nossos filhos e educandos saibam que queremos acertar, que nos importamos com eles, e que também somos seres humanos, com nossos limites, que erramos às vezes, mas que buscamos sempre nos especializar para acertar mais. Os filhos precisam perceber que durante a infância estamos à frente de suas vidas, como líderes capazes de definir o que realmente promove seu crescimento e de guiá-los enquanto não sabem para onde vão. Se o autoritarismo suplanta, o permissivismo sufoca. Apenas uma atitude firme e respeitosa lhes permitirá confiar em nossa idoneidade para governar suas vidas enquanto forem menores, porque vamos à frente liderando-os e não atrás, carregando-os e rendidos às suas vontades. Será assim que evitaremos o afogamento das novas gerações no descontrole e no tédio nos quais está afundando uma sociedade que parece ir à deriva, sem parâmetros nem destino. Os limites abrigam o indivíduo, com amor ilimitado e profundo respeito. O amor sem exigência diminui as pessoas, a exigência sem amor revolta, mas o amor exigente engrandece, educa, respeita, mostra limites e dialoga.

Aprendemos com os pais as primeiras formas de convivência a partir de como se comunicam, como constroem a relação conjugal,

---

1 Artur da TÁVOLA, in VILAS-BOAS 1994, p. 18.

as relações afetivas e hábitos culturais. Eles transmitem aos filhos seus valores e desvalores, por meio do exercício da paternidade e da maternidade. Todas essas ações vão se transformando na mente da criança em modelo de convivência. Daí a nossa imensa responsabilidade diante de nossos filhos e educandos, para tecer neles um ideal de vida digna e/ou a ação da transformação para mudanças radicais profundas, buscando a alegria de viver, o sucesso como uma vida serena responsável, impregnada do amor de Deus.

Esta obra surge da sensibilidade da autora — professora de educação fundamental, ensino médio, terceiro grau e de pós-graduação, além de consultora empresarial e educacional — à percepção de que o ser humano em toda a sua trajetória pela vida deve continuar educando-se, transformando-se para ser uma pessoa melhor sempre. Tendo trabalhado em inumeráveis programas, projetos, cursos e *workshops* sobre convivência, percebi que se pode colaborar com a grande família humana no sentido de relações mais genuínas, gratificantes, amorosas, onde o amor de Deus possa fluir — e isso é o que justifica esta obra. Cansada de ver em todos os lugares pessoas (que são imagens de Deus, templos do Espírito Santo) sendo desrespeitadas, ludibriadas, maltratadas é que decidi fazer o possível para reverenciar cada pessoa, criando o projeto INTERLAÇOS — Projeto de Implantação de Valores Universais nas Escolas de Ensino Infantil, Fundamental e Médio por meio da Transdisciplinaridade e Interdisciplinaridade — e a escrita deste livro. Levando assim para o maior número de pessoas possível a mensagem de amor, harmonia, carinho, ternura e compaixão, colaborando com os professores nas escolas, com pais e mães, com profissionais e empresários discernidos. Para todos nós, seres humanos, que aprendemos e ensinamos constantemente, sendo professores ou não, o desafio, o convite, isto é, a chamada do nosso Pai do Céu envolve a investigação e a intervenção nos diferentes contextos em que vivemos, pois são todos educativos. Este livro é destinado a todos os seres humanos que queiram rever sua postura diante da vida e também, mais especificamente, aos professores, profissionais da educação e educadores do lar: pais, mães, avós, tios e outros, além de monitores e monitoras de creches, de asilos, líderes de empresas, no sentido de serem agentes multiplicadores da mensagem de amor. É uma convocação ao diálogo, à criticidade e à intervenção no âmbito em que vivem. Sabemos que é possível e fundamentalmente necessário educar para a convivência. Todos somos herdeiros do amor e temos o direito de viver e conviver com respeito mútuo, ternura, diálogo, solidariedade, perdão e esperança. Busco compartilhar com pais e educadores questionamentos e estratégias para proporcionar à criança e ao adolescente as condições de um crescimento harmonioso, concentrado, feliz, tranquilo e criativo.

Em trabalhos realizados nas escolas com pais e professores, por mais de vinte anos, tenho sentido a preocupação e a ansiedade em oferecer o melhor, e muitas vezes convivo também com desesperança e confusão, com pessoas que se encontram sem rumo. Nós sabemos que a transformação deve começar neles próprios, em cada educador, seja ele pai ou professor. O ideal é que todas as pessoas devam se sentir educadores; em qualquer lugar em que estejam, em qualquer tempo, é momento de oferecer educação às outras pessoas, com a expressão de valores sólidos e com atitudes concernentes aos valores, acreditando que somos pais de todos os filhos e filhos de todos os pais. Roberto Shinyashiki se refere à educação como uma empreitada a seis mãos: escola, família, comunidade. Sabemos que em algumas tribos indígenas do Brasil, conhecidas por mim, as crianças não são castigadas e todos os adultos da tribo educam, ensinando como fazer, refletindo, observando, dialogando.

Você, leitor, encontrará no decorrer desta leitura muitos exercícios e estratégias que poderão ser utilizados no seu dia a dia, na relação com seus educandos, crianças e adolescentes. Exercícios aplicados em mais de cem escolas e milhares de famílias deste país, com resultados muito positivos. As sugestões de exercícios e comportamentos darão ao educando estímulos para atitudes saudáveis para com a vida, nas relações com as pessoas e consigo mesmo. Estimularão a vivenciar a unidade e o equilíbrio entre o mundo interior, subjetivo, e o mundo exterior, trazendo a ampliação e o aprofundamento da capacidade de se realizar, compreender-se e se expressar no mundo. Para estas vivências podem ser utilizadas infinitas estratégias: brincadeiras infantis, com utilização do movimento corporal, recortes, colagem, argila, pinturas, dança, música, roda, jogos e outras. Meditação, interiorização e auto-observação. Discussão e questionamento de textos, filmes, experiências, e expressão dos sentimentos durante as atividades. Exercícios de biodança, Relaxadança[2], programação neurolinguística, ludoterapia, bioenergética, treinamento autógeno, cromoterapia, *Do-in*, *Tai-chi-chuan*, *Liang Gong*, dança sagrada e contação de histórias, que servirão como estratégias para desbloqueios musculares, afetivos, emocionais e mentais, além de desenvolver a espiritualidade no diálogo com Deus.

As atividades propostas neste livro servirão de ponto de apoio, passo inicial, mas a verdadeira apreensão se consegue a partir da criatividade, do desejo de comungar com o educando a vida em cada segundo, em cada ação. Logo você poderá perceber alguns resultados, como: percepção contínua do que acontece dentro e fora de si; desenvolvimento do autocontrole e autorrealização; estímulo direto de concentração, iniciativa, intuição, memória e imaginação; aprendizado da autonomia, posse de si e responsabilidade por si mesmo: compreensão e introjeção no comportamento de ternura, de carinho por meio de palavras, gestos, sorrisos, olhares, enfim, de uma unidade plena e consistente de atitude no mundo; além de contato com sua espiritualidade, buscando intimidade com o Criador.

Assim, com consciência do "eu integral", as crianças e os adolescentes se tornarão menos propensos a cair nas armadilhas da identificação material e nas confusões causadas pelos encantos e ilusões dos que não conhecem a si próprios e o mundo à sua volta. Ampliarão integralmente suas percepções. E isso acontece pela imagi-

2 Atividade elaborada pela autora, descrita no livro de sua autoria: *Terceira idade: uma experiência de amor*, São Paulo, Paulinas, 2001.

nação, pela imitação e pela identificação, desenvolvidas por meio de exercícios de concentração e imaginação criativa.

Concentração: a capacidade de fixar a atenção em alguma coisa durante certo período de tempo.

Imaginação: a capacidade de construir imagens. Quando começamos a tomar consciência do fato de que estamos continuamente usando a imaginação para criar nossa realidade, podemos iniciar intencionalmente a criação de imagens de beleza, de harmonia e sucesso, imaginando-as.

Quando as pessoas são estimuladas a utilizar naturalmente a imaginação, elas podem ser ensinadas a usar essa faculdade com propósitos construtivos, quando vão sendo menos condicionadas pelos hábitos. Elas podem ser ajudadas a exteriorizar seus sentimentos e suas imagens mentais de maneira criativa, e à medida que a mente se desenvolve podem começar a perceber os efeitos. Para que isso aconteça, é necessário motivar os educandos a se observarem, se sentirem e a penetrarem no seu próprio mundo interior e no das outras pessoas, numa relação de reciprocidade e amorosidade.

O processo de educação inicia-se quando ensinamos aos educandos a ensinar a si próprios, quando induzimos a uma busca interior, desenvolvendo assim iniciativa própria e menos dependência. A atividade de responder às perguntas é transferida para eles sempre que possível. Ou então deve-se induzi-los à resposta. O propósito desse método é fazer que aprendam a se valer de sua própria autoridade, a se responsabilizar por suas atitudes e pelas consequências de seu comportamento, e que dessa forma não procurem exigir uma resposta exterior. Aprenderão a pensar por si próprios e a tirar suas conclusões. Efetivamente, aprenderão a conduzir suas próprias vidas com maturidade, respeito por si e pelos outros, a conviver com as situações e com os outros. Por meio de observações minuciosas, aprenderão a discriminar e contemplar situações ativas em seu meio ambiente. Desse modo, verão essas situações como acontecimentos ou circunstâncias que serão aceitos ou rejeitados de acordo com as reações emocionais de agrado ou desagrado, de acordo ainda com os valores aprendidos na família e na escola. Aprenderão a encontrar Deus nas coisas, na natureza e no outro, por meio da observação, da meditação e do relaxamento.

Assim, podemos enumerar os objetivos específicos desta obra:

- Introduzir uma nova luz na vida dos nossos educandos de hoje, em seus lares, na sala de aula e fora dela, como cidadãos do mundo, evitando assim o *bullying* e a discriminação, aprendendo a compaixão.
- Cultivar um novo ser, um novo desenvolvimento, um novo tipo de pessoas em nossa civilização. Esse tipo de criança só poderá se desenvolver numa atmosfera de amor, em que ela sinta que não há motivo para se amedrontar ou se intimidar, em que seja tratada com cordialidade e em que aprenda a tratar seus semelhantes da mesma forma. Uma atmosfera de paciência, sem pressões, favorece um crescimento equilibrado. Uma atmosfera de honestidade e compreensão vai cultivar a honestidade e a compreensão nas pessoas. Há o estímulo a se expressar, a ser ouvido e a saber ouvir os outros. Há a orientação a se motivar para desenvolver atividades e auxílio a se alimentar da noção de que as barreiras ou obstáculos aparentes são apenas desafios para um crescimento maior; assim, crianças e adolescentes poderão cessar a identificação com qualquer condição limitante e começar a pensar em expandir suas possibilidades, as possibilidades do grupo e, mais tarde, as possibilidades do mundo em que vivem. Aprenderão a conhecer seus próprios corpos e a utilizá-los para sua harmonização corpo/mente.
- Proporcionar aos educandos e educadores esclarecimentos e momentos de introspecção para resgatar valores e virtudes na convivência consigo mesmo e com a sociedade, partindo do autoconhecimento, de como equilibrar suas emoções e sentimentos. Desta forma poderão experimentar uma convivência fraterna e amorosa com todos os seres, provocando transformação em si e nos outros.

Para isso escolhemos usar o diálogo para adquirir assertividade em dirimir conflitos e tomar decisões, conhecer, refletir e introjetar os valores, vivenciando-os na escola e na família, para assim alargar para a grande família humana.

- Analisar junto a educandos e educadores os diferentes comportamentos e atitudes na mídia e em outras situações em que a dignidade humana é ferida, e definir comportamentos adequados e respeitosos. Instigar procedimentos de valorizar a aceitação do outro como legítimo outro, eliminando a discriminação e o preconceito. Mostrar que é fundamental vivenciar diariamente os valores para que sejamos pessoas melhores e que a prática cristã nos leve a ter Jesus como modelo de vivência dos valores.

dois

convivência

Nossa civilização é complexa e paradoxal. A ciência moderna, com premissas de certeza e de verdade, julga-se infalível, comprovando cientificamente as ações, podendo o homem interferir no que ele quiser: criação de órgãos artificiais, viagem à Lua, alta tecnologia e outros feitos. Mas ainda assim o ser humano é incapaz de "manter os elementos básicos de sustentabilidade da vida no planeta, incapaz também de convívio entre os membros da espécie"[1]. É incongruente que façamos verdadeiras maravilhas — a inteligência é uma ferramenta inimaginável que temos à nossa disposição — mas infelizmente ainda nos sintamos incapazes de uma convivência amorosa, de nos reconhecer fracos e pedir desculpas, de perceber que nossa família é o nosso maior bem, que deve ser cuidado com carinho. E que essa amorosidade pode e deve ser expandida para os nossos bairros, a nossa cidade, a nossa comunidade. Viver em paz é o nosso grande projeto. Essa mesma ciência moderna e a tecnologia nos oferecem também estratégias para que sejamos uma humanidade feliz, sustentada por uma ética maior de respeito, solidariedade e cooperação. Ela é capaz de oferecer tantas soluções. Não estamos preconizando negativamente a ciência, não, muito pelo contrário, vemos que o ser humano é capaz de maravilhas, amadureceu em muitos níveis, mas falta-lhe a inteligência emocional, espiritual, de consciência planetária e de conhecimento e vivência das leis da vida e de Deus. Se o homem é capaz de tantos feitos, por que não consegue conviver harmoniosamente?

Infelizmente vivemos numa cultura anestesiada em que tudo o que acontece pode ser justificado, como extermínio da natureza, das pessoas e famílias. Aceita-se e se justifica a eliminação da vida emocional, da espiritualidade e dos valores como atitude "normal" com base na racionalidade. É urgentíssimo transpor-nos para uma cultura de paz nas suas variadas dimensões: individual, social, ambiental, emocional e espiritual. A cultura de paz prevê convivência

1 Disponível em: <http://unesdoc.unesco.org/images/0018/001899/189919por.pdf>. Acesso em: 15 maio 2012.

pacífica consigo mesmo quando se está consciente da própria missão aqui na Terra, de poder lidar com as necessidades e ambições, ser respeitado pelos outros, ter solidariedade com as pessoas, irmãos de caminhada na busca do crescimento como seres humanos dignos.

> Este é um ponto crucial: a dignidade de o indivíduo ser o que ele é, de poder aderir a um sistema de conhecimentos, de conhecer suas raízes, suas relações históricas, emocionais, sua religião, sua espiritualidade. Um indivíduo é diferente do outro, não há como negar que nós todos somos diferentes. Preservar essa diferença é algo fundamental para que a gente possa falar em uma sobrevivência com dignidade[2].

Cenáculo, contato, convívio, proximidade, toque, trato, camaradagem, familiaridade, intimidade, confiança, franqueza, fraternização, amizade, chamego, irmandade, afinidade, ajuste, combinação, finura, urbanidade, afeição, amor, benevolência, identidade, parentesco, abraço, vinculação, referência, reverência, risos e alegria. Essas palavras foram levantadas de um *brainstorm*, realizado num dos cursos sobre aprender a cuidar na convivência, sobre o conceito de convivência. Viver com, vivência vivida com outras pessoas. É o ser humano em todas as suas dimensões. Conviver, coexistir.

> É consequência da vida em sua plena complexidade, partilhada junto com os outros o seu sentido de ser. Nessa convivência se dá o aprendizado real como construção coletiva do saber e da visão de mundo, dos valores que orientam a vida e das utopias que mantêm aberto o futuro. O conceito de convivência significa o resultado final de processos de aproximação e de conhecimento do outro e do diferente[3].

2 Disponível em: <http://unesdoc.unesco.org/images/0018/001899/189919por.pdf>. Acesso em: 15 maio 2012.

3 Disponível em: <http://www.lasalle.edu.br/upload/convivencia_lssj. ppt#257,2,Slide 2>. Acesso em: 15 maio 2012.

A educação para a convivência é uma questão prioritária para que haja cidadania, uma vez que a perda de valores básicos e o aumento da violência em múltiplas formas estão presentes em nossa sociedade. O *bullying* é prática cotidiana nas nossas famílias, nas empresas e nas escolas. Jares[4] teve uma experiência com crianças e jovens na Galícia e nas Ilhas Canárias com alunos do ensino médio. Ele apresenta propostas para tornar operativa a convivência nas escolas, demonstra como implantou uma equipe de mediação e como se pode inserir a família no processo. O trabalho dele foi fundamentado em valores, formas de organização, expectativas sociais e educacionais, normas, formas linguísticas, expressão de sentimentos, dados que contribuem enormemente no modelo de convivência que se deseja para os educandos. O autor constata, e estamos de acordo, que a convivência deve ser um dos aspectos mais preocupantes da sociedade, um assunto, entre outros, que deve ser discutido, refletido e sobre o qual tomar posições por todo cidadão, seja ele professor, empresário, sacerdote ou tenha qualquer outra missão na vida,

> [...] Posto que o sistema econômico-social, a perda de respeito e dos valores básicos de convivência, a perda da liderança educativa da família e do sistema educacional, além do aumento da ocorrência e da visibilidade da violência, contribuem para a atual situação da convivência que se constata[5].

O nosso educando é uma pessoa humana que tem uma história, mesmo que tenha pouca idade, com um corpo em desenvolvimento, e sua mente vai se alargando à medida que cresce e vai se inteirando sobre a vida. Vai aprendendo a criar diversas relações

4 É autor de numerosas publicações; entre os seus livros há dois traduzidos para o português: *Educação para a paz* — Sua teoria e sua prática, Porto Alegre, Artmed, 2002, e *Educação e conflito* — Guia de educação para a convivência, Porto, Editorial ASA, 2002.

5 Resenha: Pedagogia da convivência — Lisiane Reis Brum. Disponível em: <http://www.ucs.br/etc/revistas/index.php/conjectura/article/viewFile/43/41>. Acesso em: 21 maio 2012.

consigo mesmo, com as pessoas ao seu redor, com o ambiente em que vive e com Deus. Importante desenvolver nele condições favoráveis para enfrentar mudanças e desafios.

A convivência familiar deve oferecer ao educando condições de afetividade com seus pais e/ou outros familiares. Quantos educandos nesse país ainda não podem permanecer no meio a que pertencem por falta de condições familiares! Se encontrarem outras famílias que possam acolhê-los e se essas famílias dispensarem amor e afetividade, terão melhores formas de crescer equilibradamente. No entanto, o ideal seria que toda criança tivesse seu ninho de atenção, aconchego junto dos seus. Deve ser sempre priorizada a reintegração ou reinserção familiar (RIZZINI 2006).

O evangelista Lucas (24,13-35) demonstra a característica de convivência que Jesus promovia com seus discípulos e com outras pessoas, na qual sua ação pedagógica fica evidente para nós, como modelo de compreensão das situações em que a vida humana é envolvida, convivência saudável, integradora e tolerante entre as pessoas que educam e são educadas e o povo em geral. Homens rudes e despreparados, Cristo os transformou em evangelistas, apóstolos, mestres, pregadores e mártires, servidores do Reino de Deus. Foi educador, sobretudo quando se propôs dar atenção às pessoas, ouviu os seus anseios e expectativas, deu apoio, compreendeu, soube respeitar os diferentes.

> Ele queria libertar os cativos e os oprimidos. Também queria libertar os cegos, não apenas os cegos cujos olhos não veem, mas cujos corações não enxergam. Os cegos que têm medo de confrontar-se com suas limitações, que não conseguem questionar qual é o seu real sentido de vida. Os cegos que são especialistas em julgar e condenar os outros, mas que são incapazes de olhar para as suas próprias fragilidades (CURY 2003, p. 83).

Jesus usava uma pedagogia centrada na pessoa humana, levando em conta sua dignidade, ensinando a todos o respeito, com metodologia participativa e de interação entre educandos e educadores. E a Igreja busca ensinar a compreensão da vida, das revelações de Deus aos homens, do compromisso e do comprometimento com a vida criada por Deus. Para a realização da missão da Igreja, o educador deve ser o porta-voz e o modelo nas ações e atitudes da cidadania, por meio dos relacionamentos e da sinalização do Reino de Deus aos homens — no caso específico desta obra, as crianças, os adolescentes e as famílias. A educação só será autêntica se compromissada com a vida, se for instrumento que leve as pessoas à reflexão sobre suas próprias vidas e à tomada de decisão, sendo agentes de transformação por meio de um relacionamento íntimo, dinâmico e experimental com Deus, nosso Criador, numa resposta vivida e em amorosa obediência à vontade dEle. E, como consequência, só poderemos ter o fruto da libertação para a vida plena e abundante, quando os relacionamentos são pautados pela solidariedade e pela fraternidade, para a prática da justiça e a convivência com o outro. Cristo, no sermão da montanha (Mt 5,38-44), ensina os discípulos a amar os inimigos, a orar pelos perseguidores, a oferecer a outra face, inaugurando assim uma cultura de paz e de tolerância.

> O amor ao inimigo é o que melhor exprime e realiza a gratuidade do ato do amor, à semelhança do amor do Pai. É o amor que toma a iniciativa, sabe perdoar e transforma o ódio em atos concretos de amor que promove o bem dos outros (ANDERSON, GORGULHO 1989, p. 97).

Nossa responsabilidade para com nossos irmãos, sejam eles bons ou ruins, amigos ou não, é amar sempre, amor coadunado com ações concretas de afetividade, compreensão, tolerância e solidariedade. Foram esses os pedidos de Cristo quando foi modelo de atitude.

A convivência centrada no evangelho prima pelo companheirismo, pela fraternidade, na comunhão com Deus e com os homens. Desta forma, a empatia, a compreensão, a percepção e o apoio mútuo são dados que definem a educação cristã num processo dinâmico que vai se desenrolando na caminhada da fé numa intermediação entre a realidade histórica e o Reino de Deus.

conflito e confronto

As pessoas reagem de formas muito diferentes a uma mesma realidade. É nessa situação que acontece o conflito, pois cada ser humano vê a realidade de uma forma muito específica, o que provoca julgamentos com base em ideias e interesses diferentes. Isso porque cada pessoa sente e interpreta segundo suas experiências e seu histórico de vida. Daí ser a relação humana em sua essência um conflito de conceitos, ideias e opiniões divergentes. Por isso há sempre discordâncias e conflitos. Lembram-se de que somos únicos? Cada pessoa traz consigo seu jeito de funcionar no mundo, de ver, de interpretar, de reagir. Conflitar ideias é salutar, para ampliar o conhecimento do assunto e das pessoas envolvidas. Nessa situação há também a ação, quando os objetivos são os mesmos e a forma de ver e de reagir é diferente. O confronto não é positivo, uma vez que os envolvidos entram numa disputa de poder: quem é mais, quem sabe mais, querendo que sua ideia seja a prevalente sempre. Aí não há como dialogar e definir saídas equilibradas. Não existe intenção de compor uma resposta adequada, mas de sair vencedor. Nas situações de confronto há sempre perdas dos dois lados, não há benefício para ninguém. Quando há conflito, há formas de criar sinergia, reflexão, questionamento, discussão, na busca de discernimento sobre o problema e de saídas que sejam boas para os dois lados; quando a criatividade é posta à prova para a criação de novas respostas, todo o grupo ou todas as pessoas se beneficiam.

Confronto é choque, enfrentamento, guerra. Não se pode permitir que o conflito gere confronto, o que importa é a solução de conflitos, pois estes existem porque cada ser humano é único, mas o importante é respeitar e aceitar a diferença para que a paz reine. E solucionar não é um se subjugar à ideia do outro, mas aceitar que cada um tem sua formação, sua filosofia, sua história. Claro que devemos, veementemente, mostrar às pessoas o caminho da verdade, dos valores humanos que, por natureza, o ser humano clama — dentro de si ele sabe o que deve ser feito. Não temos que ter sempre certeza, que ser os sabichões ou ser sempre obedecidos, atendidos; podemos não ter certeza, não ter a melhor ideia, o que não nos diminui, pelo contrário, demonstramos que somos seres humanos, portanto limitados e fracos algumas vezes, fortes e formidáveis outras. E se a ideia do outro é aceita não significa que a nossa seja ruim, pode ser que não seja adequada para o momento ou para a circunstância.

Promover a paz é preservar a dignidade humana tendo a convivência entre os diferentes como base. É saber que encontraremos muitos conflitos em nossa caminhada, não conseguiremos eliminar o conflito, não vamos acabar com o conflito, mas devemos saber dirimir, solucionar as situações pacificamente. É preciso saber conviver com a pessoa que torce por outro time, que é do outro sexo, de outra raça, que fala outra língua, que segue outra religião. Sabemos que promover a paz não depende de tratados e acordos, mas da atitude consciente e responsável para conosco e com a humanidade. A educação tem a tarefa de evitar o confronto e ensinar o diálogo, a compreensão, a parceria, a comunhão entre os seres humanos. Todos os conflitos entre os homens e a natureza, entre homens, sociedades, países, além dos conflitos psicoemocionais, devem ser dirimidos com lucidez, paciência, tolerância, e não com violência, *bullying*, drogas e tranquilizantes. "Violência vem de medo, medo vem de incompreensão, e incompreensão vem de ignorância [...] combatemos a ignorância com a educação."[6]

Uma das ferramentas essenciais para o exercício da convivência é o diálogo, pois a convivência acontece na contínua experimentação do

6 Disponível em: <http://unesdoc.unesco.org/images/0018/001899/189919por.pdf>. Acesso em: 15 maio 2012.

diálogo. É ele que elabora soluções e traz harmonia para os conflitos entre as pessoas envolvidas ou por meio de pessoas que possam intermediar e conduzir. E dialogar é conversar, ouvir, escutar a pessoa em todas as suas especificidades, sendo mesmo solidário com quem se está dialogando, o que se aprende a partir dos primeiros anos de vida. Deve-se deixar fluir a ternura, a afetividade, dados inerentes aos seres humanos e que precisam ser desenvolvidos no processo educacional, no lar e na escola. A causa da violência, da indisciplina, da agressividade está sempre na falta de afeto, de compreensão, de apoio, de esclarecimentos, de um olhar humanitário. A sociedade, a escola, as instituições e as famílias é que devem proporcionar situações de promoção do diálogo em todos os seus sentidos.

O perdão surge como um fator indispensável à convivência, à solução de conflitos. Para pedir perdão não basta esquecer a falta cometida ou recebida, ou o pedido de desculpas. Trata-se de dirimir as dúvidas sobre o comportamento dos envolvidos, do reconhecimento da falta e do compromisso de não repetir a mesma ação. Trata-se de saber que a atitude foi prejudicial ao relacionamento com a pessoa. Somente a partir do respeito, do diálogo, da solidariedade e do perdão é que se aceita a diversidade e se mantém o compromisso com a vida. Para isso é necessário que se revejam os padrões e conceitos de vida. Cabem aqui algumas indagações:

- Vivo o que realmente falo? Sou um modelo para os meus educandos?
- Exijo equilíbrio, atitudes que não consigo viver?

O nosso papel de educadores — família, professores, comunidade — é educar para a integridade, para a esperança, que leva ao otimismo, pois só o trabalho educativo movido pela alegria, pela descoberta, pelo entusiasmo terá resultados plenos.

Alguns dos fatores desagregadores da convivência, como o ódio, a inimizade, as mentiras, a corrupção, a luta pelo poder, os egos inflados, a dominação, o fundamentalismo, são destrutivos no comportamento humano e devem ser trabalhados para que sejam transformados em diálogo e aceitação na família e na escola. Por quatro anos trabalhei com filosofia na escola, disciplina inserida no currículo desde o ensino fundamental até o ensino médio, tendo como temas educação para a cidadania, direitos humanos, afetividade, sexualidade, relações interpessoais e outros. Isso favoreceu muito os alunos e as famílias. Pais e professores também participavam do trabalho no afã de buscar mais conhecimentos sobre os diferentes assuntos, para que a educação dos alunos tivesse todos os suportes humanos.

É preciso modificar em educandos e educadores a ideia negativa do conflito, no sentido de utilizá-lo como oportunidade de aprendizagem, como um fato educativo. A visão da disciplina/indisciplina por educandos e educadores, como algo ou alguém ruim porque fala muito, ou faz barulho, ou responde com rispidez, deve ser trocada pela percepção de alguém que precisa de ajuda, de diálogo, de buscar esclarecimentos da causa da ação, para juntos encontrarem formas de harmonização. Utilizar estratégias didáticas tanto na escola como na família que favoreçam a convivência é fundamental. Para isso precisam os professores e pais aprender mais, usar de criatividade e de informações para tais atitudes. Em seu livro *Pedagogia da convivência*, Xesús Jares apresenta sugestões: o planejamento para o espaço da classe, da escola e da comunidade educativa (professores, alunos e mães/pais); grande repertório de atividades didáticas e participação de todos os setores da comunidade educativa a partir da ideia-chave de corresponsabilidade, de mediação. A mediação acontece quando uma pessoa imparcial, alheia ao conflito, pode facilitar que as pessoas envolvidas possam chegar a um acordo por meio do diálogo. O mediador não pode interferir nem impor uma solução, mas atuar apenas como coadjuvante; quem deve controlar a situação são os envolvidos.

Educar para a convivência é um desafio que se inicia na família, e esta é que deve ser educada inicialmente em sua relação com a escola, transformando-se ambas em força para analisar juntas os diferentes desafios e estudar estratégias para favorecer a convivência dos educandos nas famílias e na escola, facilitando a resolução pacífica de conflitos. Se a educação procurar desenvolver uma reflexão profunda sobre a pedagogia da convivência e colocá-la como criteriosa opção de ação consistente, voltada para a mediação de conflitos, poderá conter as trapaças da realidade atual, isso na unidade família/escola.

a nossa família

Numa diversidade de culturas e formas diferentes de vida, fazemos parte de uma única família — a família humana, a comunidade terrestre. Para isso temos que impregnar em nossas vidas a cultura de paz, nos responsabilizar uns pelos outros e pelas gerações futuras, primando pela justiça, pelo respeito aos direitos humanos, à natureza e aos animais, promovendo uma sociedade sustentável global. Nossa visão deve se alargar no sentido de pensar no bem-estar da humanidade, deixando de enxergar somente o nosso umbigo, sem prestar atenção às consequências de nossas ações. Todos os problemas mundiais são nossos problemas no que nos cabe como responsáveis pela preservação de todos os sistemas ecológicos, do meio ambiente e o cuidado amoroso com todas as pessoas. "A proteção da vitalidade, diversidade e beleza da Terra é um dever sagrado", como nos instiga a Carta da Terra[7].

Somos seres inteligentes, somos importantes, merecedores, valiosos, somos imagem e semelhança do Criador, somos templos do Espírito

7 A Carta da Terra é o resultado de uma discussão entre 46 países e tem a mesma representatividade internacional da Declaração dos Direitos Humanos. O documento foi incorporado oficialmente pela ONU em 2002. Trata-se de uma declaração universal para orientar a humanidade a caminhar com o desenvolvimento sustentável e criar uma ética globalizada, um código de conduta para pessoas e nações rumo à sustentabilidade, capaz de refrear o consumismo predatório dos países ricos e eliminar a escassez extrema, não só de alimentos, mas de educação, oportunidades, informação e meios de sobrevivência básicos.

Santo. Precisa de mais? Seres maravilhosos devem ser cuidados com carinho. Somos esses seres. A educação, seja na escola, na família, na comunidade ou nos diferentes grupos educacionais, é a porta que se abre para uma realidade de educação para a paz. Todos nós somos educadores e devemos levar a boa-nova que Jesus tanto pregou.

É nosso dever diante da vida primar pelas mudanças fundamentais dos nossos valores, para um mundo mais democrático e humano. Sabemos que estamos inseridos num processo de inteireza, somos seres completos e complexos, e os desafios ambientais, espirituais, econômicos, políticos, sociais são meadas de um só novelo. Viver com reverência o mistério da existência que herdamos de Deus, gratos pelo presente da vida e com humildade para aprender dela e com ela, faz parte do nosso aprendizado em nos tornar solidários com toda a humanidade e com todos os seres vivos.

São decididamente urgentes a conscientização sobre os valores básicos e a fundamentação ética como critério comum a todas as pessoas. Assim serão beneficiados organizações, empresas, governos, pois estes são feitos de pessoas. A citada Carta da Terra nos chama a cuidar da comunidade de vida, numa visão holística, eliminando a fragmentação, pois todos os seres estão interligados e toda forma de vida tem valor. É preciso tornar consistente a fé "na dignidade inerente de todos os seres humanos e no potencial intelectual, artístico, ético e espiritual da humanidade, cuidando assim da comunidade da vida com compreensão, compaixão e amor"[8]. Para isso torna-se necessário integrar na educação formal, nas escolas de pais, no desenvolvimento de professores, nas empresas, nas comunidades e em todos os grupos humanos a proposta de aprendizagem contínua, pois ao longo da vida estamos sempre aprendendo os conhecimentos, valores e habilidades necessários para poder viver com sustentabilidade de todas as formas. O momento mundial é um pedido de socorro, precisamos realizar um novo começo, mu-

8 Disponível em: <http://www.cartadelatierra.org>. Acesso em: 25 out. 2013.

dando a mente e o coração das pessoas, aprender um novo sentido de humanidade, de interdependência global e de responsabilidade universal. Abrir caminhos para que haja diversidade na unidade de forma harmônica, em que as pessoas tenham liberdade levando em conta o bem comum, numa liderança criativa e responsável[9].

E só aprenderemos a ter uma visão de totalidade da grande família planetária se conseguirmos em nossa pequenina célula da sociedade — a nossa família — aprender o que é bom, desenvolver nossa sensibilidade, nosso amor, nosso respeito uns pelos outros. E já sabemos no que dá uma educação sem limites, com complacência dentro de casa: crianças e adolescentes insuportáveis, cheios de vontades, prepotentes e dominadores. E sabe-se que nossos educandos passam a maioria do tempo deles longe dos pais, influenciados por colegas, televisão, internet, sofrendo uma série imensa de estímulos quase sempre inadequados. Outras vezes os pais, por cobrança da própria sociedade, que oferece um padrão desmesurado, desejam filhos perfeitos, inteligentes, simpáticos, bonitos. E assim sofrem pais e filhos na escravidão a uma norma, eliminando a chance da alegria e da soltura.

Já sabemos que são as pequenas atitudes que fazem a diferença no relacionamento familiar. Muitas vezes, somos tão gentis com tantas outras pessoas e quando no lar tornamo-nos pessoas rudes, sem paciência, nada gentis e amorosas — por quê? Porque imaginamos que nossos familiares têm a obrigação de nos suportar? A compreensão acompanhada de pequenas coisas, atitudes simples que agradam o outro, em constância e perseverança, faz uma diferença enorme na qualidade de vida da família. É claro que a maneira como vemos nossa família, como a valorizamos é que determina o que e como fazemos dentro dela. E a ação é que leva aos resultados que obtemos. Então, dessa forma, é prioritário, inicialmente, que vejamos o

9 A ideia da Carta da Terra surgiu a partir da Eco 92, onde a ONU criou um órgão que posteriormente foi transformado na Ong, Earth Council, com sede na Costa Rica.

conceito que temos da nossa família. A mídia envia constantemente mensagens confusas e desconcertantes sobre a família, eliminando de vez a ideia de instituição sagrada, onde se aprende a sobrevivência física, a procriação, a formação do caráter, o treinamento de habilidades, o fortalecimento emocional e espiritual. Isso afeta a relação familiar, deixando em último plano o parar para dialogar, orar, brincar e aprender juntos. É muito claro que, se quisermos realmente aumentar a satisfação, a alegria e a realização familiar, é imprescindível que paremos para analisar, refletir sobre como conceituamos nossa família e como queremos conduzir-nos daqui para frente.

> Como seres humanos, a nossa própria identidade nos empurra para a vida familiar, para o matrimônio e os filhos. Uma pessoa religiosa provavelmente explicaria isso como consequência da vontade Divina, na Criação. Um cientista poderia explicar esse fato como decorrência de dez mil gerações de evolução humana. A conclusão, no entanto, seria a mesma: ser humano é ser familiar[10].

Não quero aqui enumerar nem mensurar a violência em nossos lares e nas escolas — os noticiários trazem todos os dias essas informações para nossas mentes. Principalmente crianças, adolescentes e mulheres são os mais atingidos pela violência. Aumenta também o número de famílias conduzidas por mulheres, em que o homem não se encontra presente no dia a dia familiar. Mesmo assim, há a necessidade de conclamar que a família é o eixo central em torno do qual todo o resto da sociedade gira, pois é a pedra angular da nossa existência social e do nosso desenvolvimento individual. Famílias sólidas produzem sociedades sólidas, pessoas equilibradas. E sólidas não significa apenas formadas por casais casados, que moram sob o mesmo teto, e sim famílias saudáveis e felizes que, por isso, conseguem enfrentar os desafios com mais coragem e fé. São casais que vivem mais,

10 Allan CARLSON, "The Natural Family is the Fundamental Social Unit: A Summons to Creat Social Engineering". Discurso feito no 2º Congresso Mundial das Famílias, Genebra, Suíça, 15 de novembro de 1999.

adotam comportamentos que protegem a vida, como sobriedade, cuidado na alimentação, evitando riscos como fumo, bebida, drogas, dirigir sem responsabilidade e outros. São menos propensos a ter depressão, distúrbios psicológicos e sofrer abandono na velhice. Por pesquisas realizadas, constata-se que são casais mais organizados financeiramente, mais satisfeitos com sua intimidade física em seus relacionamentos, pois são fiéis[11]. Claro que as crianças que crescem dentro de lares alegres e saudáveis, por participarem desse ambiente acolhedor, são mais propícias a um desenvolvimento de sucesso em todos os aspectos: físicos, mentais, espirituais, econômicos, sociais, escolares e tantos outros. Os autores do livro *Questões fundamentais da vida*, Roger Merrill e Rebeca Merrill[12], que por sinal são marido e mulher, um casal, líderes de uma família, citam situações familiares que produzem a alegria, a saúde e a felicidade em família:

- Os membros da família confiam uns nos outros.
- Amam uns aos outros.
- Acreditam uns nos outros.
- Ajudam uns aos outros.
- Confortam uns aos outros.
- Perdoam uns aos outros.
- Trabalham juntos.
- Contribuem juntos.
- Oram juntos.
- Divertem-se juntos.
- Comemoram juntos.

11 L. J. WAITE, Does Marriage Matter?, *Demography* (nov. 1995) 483-507.

12 Roger MERRILL e Rebecca MERRILL, *Questões fundamentais da vida*, Rio de Janeiro, Sextante, 2004.

Caro leitor, cara leitora, o que nós, pais e educadores, com toda a sinceridade, podemos fazer para aquelas pessoinhas e adolescentes para gerar mais felicidade pessoal? Como podemos contribuir de maneira mais efetiva na nossa missão de fortalecer a sociedade por meio de nosso trabalho? Como podemos ser uma família que se ama de verdade, que recebe os filhos de braços abertos, que cuida de suas necessidades físicas, emocionais, sociais e espirituais? Estamos ensinando nossos filhos a que se ajudem e se amem? Estamos lhes deixando uma herança de princípios como a honestidade, a integridade? Será que o contrário disso faria mais felicidade? Sabemos que não; a todo momento estamos testemunhando que a vida desequilibrada, onde há brigas, confrontos, discussões agressivas, críticas, ironias, desrespeito, só se reproduz cada vez mais, levando as famílias e a sociedade para o caos.

> Mesmo com os enormes desafios do casamento e da criação dos filhos, os componentes essenciais para uma família ideal são — e têm sido — [...] a principal experiência de vida para muitas pessoas. Mesmo diante dos imensos problemas políticos, econômicos e sociais, e cercada por desafios, a "família" continua sendo o esteio da sociedade.
>
> Para concluir, diríamos que não existe um modo de vida melhor, mais sólido, mais profundamente satisfatório, altamente recompensador, produtivo e eficiente (MERRILL 2004, p. 129).

Sabemos que o desafio é grande, mas compensador. Existem períodos complicados, que nos fazem ir aprendendo a interdepender, a nos libertar, a nos interessar pelas dificuldades uns dos outros — e tantos outros aprendizados. Mesmo que nesse momento você esteja com problemas sérios na sua família, leve em conta que está num aprendizado e que você pode colaborar com você e com as pessoas. Preparar os filhos para enfrentar seus próprios desafios desde cedo é ajudar-se e ajudá-los. Importante encarar o trabalho como um lugar em que se contribui com outras pessoas e o lar como um lugar onde se descansa, que é o nosso ninho, o aconchego, o oásis. E para isso precisamos perceber que na família não há ninguém mais ou menos importante, todos são igualmente importantes. Deve-se ter em mente que todos são responsáveis por deixar em ordem, cuidar, consertar, cuidar amorosamente, porque a casa é de todos. Não se deve só colaborar, ajudar, mas sim se responsabilizar por uma parte.

> Dar apenas porque é correto dar em uma hora oportuna, em ocasiões adequadas, a pessoas que mereçam, sem esperar nada em troca é um dar iluminado. Dar com reservas ou na expectativa de receber algo ou algum favor em troca é um dar egoísta (*Bhagavad Gita*).

Diria que não temos que pensar sobre como dar, o que, quando ou quanto dar, mas em dar sempre que se percebe que alguém precisa de algo, como o nosso sorriso, a nossa alegria, todo tipo de colaboração e amorosidade é bem-vindo ao nosso mundo tão carente, faminto de amor. Quando você abre as portas do seu coração com generosidade, tantas outras se abrem para você, para sua satisfação pessoal, para todo o equilíbrio de vida necessário a uma visão nova, a um mundo novo onde trabalho e lar não se transformem em dilema, mas em complementaridade, quando você necessita e se realiza nos dois, pois são partes integrantes da sua vida. Vida familiar equilibrada não se trata de sorte, mas de conquista sempre, de esforço, de dedicação consciente e amor aos relacionamentos mais importantes.

Exerça sua liderança na família. Fala-se tanto de liderança na empresa. E na sua família, como vai a liderança? É a liderança dos pais que determina, define o estilo de família que você tem. Prover nas necessidades básicas: físicas, sociais, emocionais e espirituais; proteger de danos físicos, sociais e emocionais; cobrir os membros da família de amor e carinho e ensinar os princípios, valores para a realização e a felicidade são as funções dos pais, e os educadores em geral devem ter cumplicidade com a família nessas funções.

Pai e mãe devem estabelecer uma parceria em que falem a mesma língua em termos de princípios. Roger Merrill propõe para as famílias que criem uma Declaração de Missão da Família, na qual se inserem os valores que devem ser compartilhados nas mentes e nos corações de todos os membros da família. E fixá-la em um local visível é uma das maneiras eficientes de introjetar esses valores. Deixe claro quais são os anseios, os desejos, os objetivos da família. Provoque o compartilhamento, a troca, o diálogo, eliminando o individualismo, o que gera ressentimentos em virtude de os membros da família não terem coragem de falar das coisas uns aos outros. Levar semanas para criar essa declaração vai fazer que as pessoas conversem bastante, o que já vai proporcionar unidade, aproximação. Pode ser usada a criatividade e sair disso uma declaração mesmo, uma carta, um poema ou uma obra de arte de qualquer forma.

Desejo transcrever aqui um texto de Richard L. Evans (apud MERRILL 2004, p. 140-141) sobre a relação do casamento que muito a mim encantou. Quando meus filhos se casaram, enviei a eles esse texto; é realmente um norteador eficiente para quem quer viver e construir uma história de amor no casamento e na família:

> Vocês dois, criem seu próprio mundo de tranquilidade. Tudo nesta vida precisa de atenção, de empenho, de cuidados, e o casamento não é exceção à regra. O casamento não é algo que possa ser tratado com indiferença, grosseria ou como algo que se resolve por si só. Nada que seja negligenciado permanecerá como era ou deixará de se deteriorar. Tudo na vida requer atenção, cuidado e interesse, em especial o casamento, que é o mais sensível de todos os relacionamentos. Não é difícil provar que nenhum de nós é perfeito. Quando procuramos encontrar defeitos, encontramos montanhas de defeitos. E no casamento, assim como em todas as outras coisas, essa busca inclemente por falhas pode ser destrutiva. Na primeira hora a sós [...] façam, ambos, a promessa sagrada de jamais, nem de brincadeira, brigarem um com o outro e de nun-

> ca ficarem mal-humorados. Depois, prometam, com sinceridade e seriedade, jamais guardar um segredo do outro, sob qualquer pretexto ou desculpa. Vocês precisam, ininterruptamente e em todos os momentos, ver de maneira clara o que se passa no coração do outro. Mesmo que um de vocês tenha cometido um erro, confesse. E, ao não ocultarem nada um do outro, muito pelo contrário, vocês preservarão a privacidade do seu lar, o seu casamento, o seu coração de todas as pessoas e de todo o mundo. Vocês dois, com as bênçãos de Deus, criem o seu próprio mundo de tranquilidade... Não permitam que nada se ponha entre vocês. Prometam isso um ao outro. Suas almas crescerão uma em direção à outra até que, finalmente, se tornem uma só. Lembrem-se de encorajar um ao outro, de fortalecer e apoiar, de manter o companheirismo vivo e agradável. Lembrem-se da dignidade e do respeito; da compreensão; de não esperar a perfeição; de não perder o senso de humor e a percepção do que é sagrado e sério; dos objetivos comuns; das convicções comuns e da força de vontade para não quebrar uma promessa e, assim, manter o compromisso do contrato — esses são os ingredientes de um casamento bom e sólido. Lembrem-se da paciência, da persuasão, da gentileza, da bondade e do amor sincero, sem hipocrisia e sem falsidade, para que vocês possam saber que a fidelidade é mais forte do que os laços da morte. Todo casamento tem direito a isso. Vocês dois, com a bênção de Deus, criem seu próprio mundo de tranquilidade.

Todos nós, seres humanos, sentimos realmente o sucesso dentro das paredes de nosso lar. É lá, com a cabeça em nosso travesseiro, que temos a certeza da tarefa cumprida. Mesmo as conquistas que realizamos fora da nossa família retornam ao ninho. Têm sentido porque temos a quem voltar, a quem contar, a quem direcionar. "Nada terá um efeito mais duradouro do que o empenho que dedicamos à construção de um casamento sólido e ao êxito na criação de uma nova geração" (MERRILL 2004, p. 160). As funções de pai e mãe são desafiadoras, são papéis complexos, exigem de nós talento, criatividade, comprometimento e generosidade. Representam o máximo de desafio pessoal e de contribuição social. Mas... todo esse empenho traz um retorno imensurável. Quando aprendemos a ver o lar como uma fundação, um lugar vital onde podemos contribuir de maneira mais significativa, nos abrimos a uma dimensão de equilíbrio de vida e de satisfação totalmente nova.

três

o processo emocional na infância

Infelizmente estamos assistindo à presença de pessoas cheias de ódio, seres humanos que se destroem uns aos outros, que matam a si mesmos por bebida, droga, alimentação inadequada, excesso de trabalho e por sua própria insatisfação interior. E, ao sentir-se culpado, o ser humano atrai para si a punição, o castigo; isso dói nele, e carregar dor é se destruir. O ser humano não foi feito para isso. "Gente é para brilhar", diz Vladimir Maiakovski. Caetano Veloso também apresenta a percepção da importância do ser humano.

> Brilhar para sempre,
> brilhar como um farol,
> brilhar com brilho eterno,
> gente é pra brilhar...[1]
>
> Gente deve ser o bom
> Tem de se cuidar
> De se respeitar o bom
> Está certo dizer que estrelas
> Estão no olhar
> De alguém que o amor te elegeu
> Pra amar...
>
> Gente quer ser feliz...
> Gente é pra brilhar,
> Não pra morrer de fome...
> Gente, espelho da vida[2].

A verdade é que não resolve ficar atraindo o infortúnio, a dor, provocando uma luta intensa dentro de si. Isto seria um processo de neurose. Neurótico, portanto, é aquele que se sente merecedor de ser amado mas não é capaz de amar. Nessa pessoa neurótica

1 Disponível em: <http://pensador.uol.com.br/gente_e_para_brilhar_de_vladimir_maiakovsky/>. Acesso em: 10 set. 2012.

2 Disponível em: <http://www.youtube.com/watch?v=5MFLRB6ZWQ4>. Acesso em: 10 set. 2012.

existe uma criança maltratada, esmagada, sofrida, que apenas reage à vida, não vive em plenitude, pois está carregada de raiva, medo, cansaço e mágoa. Por isso é que vemos no nosso mundo tantas situações de desamor, tantas pessoas insatisfeitas, incapazes de construir uma situação de carinho, de paz. Vemos nas famílias e nas escolas o desrespeito pelas pessoas: "nunca {como} antes o homem encontra-se esfacelado no seu conhecimento, atomizado no seu coração, dividido no seu pensar e sentir, compartimentalizado no seu viver" (CREMA 1988, p. 22). Desde o final do século XX que se busca uma nova visão na educação escolar, claro que com dificuldade ainda em se estruturar. Há estudiosos da educação que vêm reivindicando a educação integral, isto é, que o ser humano aprenda nos bancos escolares não só a leitura, o cálculo, mas também comportamentos adequados, saber lidar com o emocional, adquirir valores esquecidos até então. O ser humano tem sido visto como um ser fragmentado, e torna-se necessário perceber que somos seres inteiros: corpo, mente, emoção e espírito. E devemos ver os nossos educandos dessa forma e educá-los desde cedo na oração, no amor ao próximo, na comunhão com a vida e com os seres. Precisamos de uma verdadeira mutação de consciência para a renovação dos valores humanos fundamentais, onde intelecto e espírito, razão e coração estejam coadunados no comportamento humano, sabendo que somos células do Universo criado por Deus. Somos uma família humana com destino comum: caminhantes para o Reino dos Céus. É nosso compromisso com a vida fazer a nossa parte para transformar a educação em geração de uma sociedade sustentável por meio do respeito à natureza, da vivência dos direitos humanos universais, da produção da justiça econômica, da cultura da paz, em suma, da vivência do evangelho. É urgente o reconhecimento dos valores humanos básicos para induzir a um fundamento ético; é dever de todos e de cada um de nós, estejamos onde estivermos, sermos transparentes em nossa conduta, seja na empresa, nos negócios, em instituições, nas escolas, na família e em outros âmbitos. Vários autores podem ser pesquisados se você, leitor, quiser aprofundar-se nesse tema. Rolando Toro Araneda propôs a educação biocêntrica, com a visão da vida no centro, inspirado pelo pensamento visionário de Schweitzer (1943): "ao meditar sobre a vida, sentia-se obrigado a respeitar qualquer vontade de vida ao seu redor, por ser igual à sua, por isso é capaz de sair de seu lado egótico para encontrar-se na partilha com o outro"[3]. Na fala abaixo percebemos a importância que o autor Rolando Toro dá ao sentimento, ao amor ao próximo e ao respeito pela vida:

> A matéria da Educação Biocêntrica é a vida. É indispensável na nossa cultura recuperar o sentimento de "sacralidade da vida" e o "gozo de viver". O desenvolvimento da afetividade, da percepção ampliada e da expansão da consciência ética deve ter prioridade absoluta (Tradução nossa)[4].

Humberto Maturana (1991) conceitua a vida como constante conhecimento de todas as coisas, sensações, seres vivos, emoções, estabelecendo vínculos com tudo, pois os seres humanos fazem parte de uma totalidade e se interconectam por meio do amor.

Queremos, sim, construir o ser humano, enchê-lo de autonomia e responsabilidade por si mesmo, buscando em cada criança a realização humana. A vida clama por compaixão, o momento é de reconstrução do ser humano, a começar pelas crianças e pelos adolescentes. É claro que toda e qualquer pessoa pode começar já a sua reconstrução. É só pôr o pé na estrada e começar a mudar sua trajetória, sua história, sua vida. É urgente que nós, como educadores, nos construamos primeiro, para não passarmos para os nossos filhos e educandos todas as nossas programações negativas, nossas tristezas e decepções. Sabemos, por meio de pesquisas, que o que os sentidos recebem e levam ao cérebro se transforma em uma leitura mental, uma repre-

3 Retirado de Magda VILAS-BOAS, Rogério MUNIZ, Humberto ESTEVAM, *Ultrapassando a fragmentação*: pedagogia da inteireza na educação de jovens e adultos, Uberaba (MG), Editora e Gráfica Cenecista Dr. José Ferreira, 2012.

4 Disponível em: <http://www.pilarbiodanza.com/aplicaciones/educacion-biocentrica>. Acesso em: 20 jun. 2013.

sentação, que por sua vez leva a um estado interno e a uma fisiologia, o comportamento. Na infância, por meio de atitudes como olhares, gestos, fisionomias e palavras, as crianças são programadas para a vida adulta, programadas porque não há diálogo, reflexão sobre os comportamentos. Toda a emoção sofrida, bloqueada, sufocada, aparentemente ignorada agita-se fulminantemente na vida adulta. Cada um, em certa medida, tem dentro de si medos, críticas, inseguranças, fracassos, ódio, ciúmes, falsidades, intriga, manha, preguiça, mentira, desconfianças e outras situações emocionais. E esses componentes determinam a maneira de reagir ao mundo adulto. Ficaram impregnados no corpo, na luz apagada do olhar, no pescoço tenso, no rosto sem vida. Aí desaparece a criança solta, aberta, alegre, original, que vai se distanciando do ser, e a pessoa se torna autônoma, tensa, retraída, solitária. Cada vez mais tem medo de se abrir, de entrar em si mesma e de enxergar toda a escuridão da programação negativa existente em si. Vai criando mecanismos de defesa que dão uma falsa ideia de segurança, mas tais mecanismos, na realidade, não passam de fugas de si mesma. E assim vai enganando a si mesma e ao mundo, prisioneira de suas neuroses, de sua dificuldade em ser real e verdadeira consigo mesma.

A criança vai crescendo sem aprender que afeto, respeito, delicadeza são comportamentos necessários também ao aprendizado da sexualidade. A sexualidade é vista como coisa feia, suja, ou como forma de usar o corpo do outro sem respeito algum, pois por meio de brincadeiras, falas dos adultos, ela vai criando seu próprio conceito desastroso sobre mulher, homem, sexo etc. São frases que trazem para a criança susto, medo, vergonha e culpa. Como pode alguém realizar-se sexualmente, emocionalmente, afetivamente se para essa realização necessita de algo que sempre foi sujo e feio? O sexo passa a ser algo perigoso e mau, relacionado a coisas que não podem ser tocadas, ditas, perguntadas. É necessário que se esclareça sobre os cuidados, mitos e verdades sobre a sexualidade humana. Onde fica o prazer? No ar, sufocado, trocado pelo medo da punição, porque a culpa sempre existe. E o pequeno ser cresce cheio de rancores e vinganças. Tornando-se adulto, este ser não suportará que seu filho ou que os outros tenham prazer, porque ele nunca teve; não suportará que o outro tenha liberdade, porque ele não sabe o que é isso.

Precisamos nos livrar do que fomos obrigados a imitar, a adotar como comportamento para sobreviver. Aprendemos com os adultos, quando crianças, o comércio do amor: "Se você fizer isso eu lhe dou um beijo". Sempre há uma condição para ouvirmos "Eu te amo". Ao ouvi-lo, não sentimos fluir o amor. Muitas vezes nossos pais nos deram amor e pediram muito em troca, cobrando-nos, e nós repetimos tal comportamento com nossos educandos. Esquecemo-nos de que a criança precisa ser respeitada, considerada, precisa de atenção para aprender e repartir. Isso porque nós também não fomos vistos como seres merecedores de respeito e compreensão. Quero dizer que o que aprendemos com nossos pais é transmitido aos nossos educandos sem questionamento. E é claro que nossos pais o receberam assim de seus ancestrais e repassaram assim, acreditando que era a melhor forma, ou, inconscientemente, repetindo comportamentos que nós também repetimos. Até quando vamos repetir comportamentos sem avaliar, sem transcender?

Vocês podem reparar que existem olhares, gestos, palavras e frases que são muitas vezes repetidos dentro de seus lares. Isso aconteceu conosco também, quando crianças. Nossas mentes se impregnaram desses elementos, que fazem que nos comportemos automaticamente, mecanicamente, um fazer sem mesmo saber por quê. Frases e atitudes que se impuseram a nós todos os dias como afirmativas categóricas, certas, reais, que desde a mais tenra idade foram formando a nossa autoimagem: "Você não tem jeito mesmo", "Você só fala besteira", "Você é preguiçoso", "Você vai ver quando seu pai chegar", "Você é um desastrado" e outras afirmações.

Convido-o, leitor, a fazer comigo um exercício:

Pense agora nas frases, palavras, nos comportamentos mais repetidos e ouvidos em sua infância. Muito bem! Feche os olhos suavemente e veja na sua ima-

ginação estas palavras e frases escritas com letras bem grandes, em folhas de papel. Imagine-se cortando letra por letra, colocando todas num saco plástico e vendo-as se asfixiando. Ponha fogo nelas. Use as cinzas para adubar o seu jardim. Veja agora desse jardim surgirem flores com o formato de palavras ou frases positivas, exatamente opostas às que você queimou. Por exemplo, se você queimou "tristeza" ou "você é ruim", veja flores nascendo e formando as palavras "alegria" ou "eu sou bom"... Excelente! Agora imagine que há à sua frente uma tela de cinema; nela, você se verá numa ocasião alegre, com amigos; veja-se também sendo bom para você mesmo, ou para alguém, ou se mostrando excelente no trabalho, no lar ou em outro local que você escolher.

Que bom! Você está se programando positivamente. Seu cérebro é como um computador: programa o que você pensa e fala. Portanto, só fale e pense positivamente.

O documentário sobre a lei da atração, muito disseminado atualmente por inúmeros meios, entre eles o filme *O segredo*, apresenta a lei universal da atração magnética. Mostra a lei de causa e efeito por um novo prisma ou uma nova consciência, a partir de agora a lei do pensar e atrair: você deve pensar e este ato gera uma causa e o universo atrai um efeito. É uma visão da física quântica que mostra o momento em que cada ser humano reconhece que a sua felicidade depende dele mesmo, dele e de seus pensamentos (desejos). Poderia ampliar: pensar positivamente, confiar em Deus, agir com direcionamento, com foco, produzindo alegria, compaixão e amor por todas as pessoas e por si mesmo. Todos os seus pensamentos geram ondas magnéticas, e isso pode ser comprovado em exames de tomografias magnéticas, eletrencefalogramas e muitos outros modernos métodos de diagnósticos da nossa medicina. Mas é nas pesquisas da física quântica que essas ondas magnéticas ficam mais evidentes, e podem ser medidas e classificadas em uma tabela de forma que, coincidentemente, chamamos de "emoções". Deus é mesmo maravilhoso, criando o nosso corpo e a nossa mente de uma forma tão minuciosamente delicada, dando-nos todas as ferramentas para que possamos nos realizar nesta vida — só nos basta conhecer e utilizar. O modo mais simples de entender o efeito do segredo é imaginar que somos um ímã que atrai objetos, pessoas ou mesmo acontecimentos por meio do nosso amor, do cuidado conosco e com os outros, nossos irmãos. A energia magnética trabalha o tempo todo, 24 horas por dia, sempre atraindo o que pensamos, quer nós acreditemos nela ou não. E é aqui que temos que dedicar o máximo de nossa atenção e nossa consciência, pois a atração ocorre quer queiramos ou não, quer saibamos ou não, quer seja algo ruim ou algo bom. E isso ocorre quer estejamos pensando em algo do passado, do presente ou do futuro, o que pensarmos acontecerá no tempo verbal do pensamento. Algumas questões devem ficar bem destacadas.

Você não precisa entender como funciona ou o que é a lei da atração, ou o grande segredo, você deve apenas usufruir dela, produzindo na sua vida uma convivência harmoniosa com você e com os outros.

1. Existe um tempo de resposta a cada pensamento ou, como se diz no filme, a lei da atração trabalha em tempo retardado; sendo assim, qualquer coisa que você pensar sempre terá tempo para corrigir, isto é: percebeu que sua atuação como ser humano não foi boa, busque resgatar o amor, por meio do perdão, do pedido de perdão, do abraço, do olhar de carinho.

2. A lei da atração trabalha em todos os tempos, o passado, o presente ou o futuro; sendo assim, se você pensar ou lembrar-se de algo do passado estará emitindo ondas magnéticas que irão procurar um acontecimento igual ao que você teve no passado. Então procure se lembrar dos momentos bons e produzir outros momentos bons em sua vida, assim sempre terá boas lembranças.

3. A lei da atração não distingue o que é bom ou ruim, negativo ou positivo, para ela o fato de você pensar significa que você quer. Então não pense no que você não quer. Pense no que você quer: alegria, uma família unida, paz, amor, trabalho digno. Onde você põe foco as coisas melhoram; coloque então foco positivo, desejo de melho-

rias, e profundas bênçãos vêm até você. Coloque foco no amor de Deus e nos valores humanos fundamentais.

4. A lei da atração é universal, funciona sempre e para qualquer pessoa.

5. Para se saber que a lei da atração está agindo é só prestar a atenção em suas emoções, se elas são positivas está funcionando, se elas são negativas você está no caminho errado.

6. Os pensamentos estão enviando sinais magnéticos, que atraem sinais semelhantes de volta para você. Até penso que você não tem muito a se preocupar com a teoria da física quântica, é só buscar a sua integridade, a sua humanidade, o seu amor incondicional por todas as pessoas, que tudo dará certo.

7. Se você prestar atenção, vai perceber que o poder de nossa intenção afeta nosso dia a dia, então abra os olhos e veja. A maior evidência da ação do segredo é a existência de pessoas que pensam em doenças e sempre estão doentes ou em volta de pessoas doentes; por sua vez, pessoas para quem tudo dá certo põem sua atenção em dar certo; e há pessoas que dizem e vivem o ditado: dinheiro chama dinheiro; nós iríamos mais profundamente: doença chama doença, saúde chama saúde, prosperidade chama prosperidade, guerra gera guerra, amor gera amor (ideias retiradas do filme *O segredo*), gentileza gera gentileza, alegria gera alegria, comunhão com Deus gera comunhão com os seres humanos, com a vida e com nós mesmos.

8. Sabemos que não há magia e que as coisas não acontecem como por encanto. O que é necessário é foco, é treinamento da mente, é a ação eficaz no tempo certo, com as condições necessárias, com disciplina, com atenção direcionada. Todas essas estratégias farão que o pensamento, o desejo, o sonho se tornem realidade. Na verdade, as ideias do filme terão resultados na vida das pessoas a partir de quando houver dedicação, esmero e um grau enorme de querer. Então, pergunto: como educadores, como poderemos utilizar esses conhecimentos na formação do homem inteiro, consistente, de sucesso na busca de plenitude, de uma vida que valha a pena ser

> vivida? Como influenciar positivamente as mentes de nossos educandos? Como transformar nossos educadores em facilitadores de valor, de seriedade, de legitimação da riqueza do ser humano? Por meio dessa ideia podemos educar crianças conscientes, autônomas, desde a mais tenra idade?

Como já observamos anteriormente, as palavras têm um peso muito grande na mente da criança, que ainda não sabe distinguir, criticar, classificar. Tomemos cuidado com os rótulos, pois estes podem nutrir no educando a baixa estima e o desamor por si mesmo. Claro que tudo isso é inconsciente, aflora por meio de comportamento, de agressividade, de nervosismo e de impaciência para com os outros. Uma pessoa projeta na outra a sua própria dificuldade. É o caso do chantagista que diz não suportar chantagens. Na realidade, nas atitudes indignas do ser humano existe um sufocante grito por socorro, por ajuda, uma busca de amor, de ser compreendido, aceito e amado. Devido à nossa programação negativa, nós criamos nossos próprios problemas, ficamos envolvidos neles, esquecemo-nos de que fomos feitos para o amor, para a vida rica, para ir à mina, à nascente. O pior é que nos desgastamos enfrentando os efeitos dessa programação negativa e os projetamos às gerações futuras, perpetuando a pobreza emocional em que vivemos. Eis o que acontece conosco, com essa criança emocionalmente aprisionada, carente: fechamo-nos para o mundo emocional, afetivo, tornamo-nos resistentes ao crescimento. Ao contrário, se nos enchermos de Deus, se orarmos, estivermos sempre em sua presença, só poderemos fazer maravilhas por nós, pelos nossos educandos e por todas as pessoas com quem convivemos. Deus nos oferece todas as oportunidades e todas as ferramentas, só depende de nós que o mundo fique melhor.

Crescemos fisicamente, nosso intelecto se desenvolve, adquirimos novos conceitos, novos raciocínios, mas a vida emocional estaciona. Por experiências de desamor, a criança diz: "Não, não! Não quero crescer e entrar no mundo dos adultos. Esse mundo é muito complicado. Não quero". Daí encontrarmos tantos adultos imaturos emocionalmente, afetivamente; e tantas pessoas realizadas profissional e economicamente, ocupando altos cargos, mas de peito vazio, descontentes, solitárias. Falta espaço para a espontaneidade, para o brincar, para os jogos, para o lazer, para o sentir e saborear a vida. Percebemos também, nas empresas, profissionais de alta capacidade técnica e com sérias dificuldades de trabalho em equipe, de relacionamento interpessoal, por não terem desenvolvido a inteligência emocional, citada por Daniel Goleman[5].

É importante que tenhamos tudo isso em mente. Que observemos as nossas dificuldades, que as trabalhemos para não introjetarmos nos educandos nossas programações negativas e para não fazermos deles vítimas de nossas vidas de falta de amor por nós mesmos, pois a criança aprende também por modelagem. Aprende com a forma de o adulto se portar, reagir diante das situações. "Mas até que ponto conseguimos avaliar a dor e a frustração dos filhos e dos educandos? Mergulhados nos problemas de adultos, relativizamos demais as suas manhas e caprichos. Não serão eles códigos de uma mensagem mais profunda, de um grito de angústia habilmente abafado na agitação de suas brincadeiras, fugas inocentes de uma faixa etária sem consistências?"[6]

Não é tão fácil sermos bons educadores. É preciso primeiro uma autotransformação. É preciso que nos tornemos pessoas para promover pessoas. "E os pais devem ser verdadeiros doadores de vida, não só física, mas afetiva, emocional, espiritual."[7] Percebemos que a necessidade primordial da criança é ser entendida, compreendida. E para conviver com a criança temos de nos tornar crianças, no sentido de compreendê-las, de nos colocar em seu lugar, usando de empatia, tentando nos conscientizar de sua forma de

5 Daniel GOLEMAN, *Inteligência emocional*, 6. ed., Rio de Janeiro, Objetiva, 1995.

6 Rubem ALVES, *Estórias de quem gosta de ensinar*, São Paulo, Cortez, 2000, p. 78 (Polêmicas do Nosso Tempo, n. 9).

7 Paulo D'ELBOUX, *Informativo do Colégio São Luís*, São Paulo (8 de junho de 1990).

raciocínio, ajudando-as a se desvencilhar dos sentimentos que as afligem. A escola deve estar preparada para conduzir a criança a uma aprendizagem cheia de sabor, de alegria — é onde se ensina o amor. Rubem Alves[8] faz uma crítica à ideia de para que o filho seja bem-sucedido é preciso que haja vários rótulos colados ao seu nome e dependurados na parede sob forma de diplomas. Quanto sacrifício dos pais, quanto esforço, uma vida inteira sofrendo em prol disto: fazer do filho uma continuação do seu nome. Penso que tudo isso pode ser importante, desde que impregnado de amor, compreensão e carinho. Então, pensando nisso, a criança não vive o *por enquanto*, e sim o *futuro agora*. Vive com os olhos no futuro e não enxerga o presente. Um pé aqui, outro lá. É muito importante a ideia de viver o momento presente, preenchê-lo de muita vida e alegria. Nós, adultos, também vivemos assim; por isso, colocamos a criança nessa agitação constante, que traz estresse e desgaste físico e mental. Estamos sempre ocupados em terminar as tarefas e não usufruímos o prazer do processo. E onde ficam, que espaço ocupam a felicidade, a alegria de viver, único objetivo da criança, única finalidade da vida? Onde fica o espaço para o riso solto, o correr dentro de casa, o passeio a pé, a leitura descontraída daquilo que se quer ler, a arte? E isso não é ser? A criança só será depois que crescer e se transformar num robô produtivo?

Precisamos urgentemente de uma transformação interior, no sentido de começarmos a fazer de cada momento uma oportunidade única de sermos felizes, de alegrarmo-nos pela vida, de transformarmos a vivência do momento em algo pulsante, compensador e criativo; assim estaremos passando para os nossos educandos exemplos de comportamentos sadios e equilibrados. Vi, pelos caminhos que fiz, pessoas em situações terminais de vida querendo mais uma oportunidade de um pouquinho de tempo para o usufruto pleno do momento, só que não tinham mais tempo, não tiveram. A vida só

8 Rubem ALVES, op. cit., p. 82.

caminha para a frente, não há a possibilidade de viver um único momento por duas vezes, por isso é necessário que se viva plenamente cada novo momento que for surgindo, como se fosse o único, o último. Observe que o corpo participa dessa ação: estimula a circulação, a respiração, para renovação de oxigênio e células, produzindo assim as químicas cerebrais responsáveis pelo bem-estar e pela alegria. É o ser inteiro que, segundo após segundo, desempenha sua função própria para produzir vida intensa, por isso todo o organismo deve ser cuidado com atenção plena.

quatro

educando para a sensibilidade

Que finalidade tem empinar pipas? Qual é a finalidade de brincar de avião — abrir os braços e sair fazendo um barulhão pela casa? Produz o prazer. Para a criança isso basta. Para o adulto, o prazer traz equilíbrio físico e mental. Momentos de prazer são a grande chance de refazer todas as funções, renovar o brilho, o estímulo, a decisão de vida.

A escola, muitas vezes, destrói o ser sensível que existe na criança, ensina a criança a ser séria, triste; no entanto, o brincar deveria continuar pela vida afora. Já pensou se todo adulto pudesse redescobrir a vida como brinquedo? Se o adulto pudesse viver a vida num sorriso de criança? É isso mesmo. O sorriso do adulto está a quilômetros de distância do sorriso infantil. O gosto, o perfume, o tom de voz são outros, completamente estranhos ao mundo adulto. Brincar não contradiz a seriedade, a responsabilidade. O espírito de humor, de alegria intensa colabora, contribui para que as respostas ao mundo sejam de melhor qualidade.

Para educar crianças é preciso gostar delas antes de tudo, é preciso fazer desabrochar a criança que existe em nós. Deve-se respeitar a individualidade da criança, e não tentar, mediante projetos, transformá-la em algo que ela não é. Que tal começar pelo desejo da criança? Começar por aquilo de que ela gosta, que lhe dá prazer, que faz parte do seu mundo? Onde está o saber saboroso das nossas famílias e das nossas escolas? Ensinamos normas, defesas para se passar pela escola ou para se passar pelo mundo, ou ensinamos, com o coração, o que é bom para a vida, para o indivíduo como ser humano? Segundo Rubem Alves, ensinar com sabedoria significa ensinar com sabor e dar sabor ao que se ensina.

Ah! Ensino tão cantado, castrado, encantado e desencantado! A aprendizagem nas nossas escolas é, muitas vezes, uma violência absurda; algumas vezes, um instrumento de tortura por persuasão suave, outras vezes nem tão suave. As crianças, desde muito cedo, transformam seus corpos doces, meigos, maleáveis em corpos rígidos, tensos, manipulados e aprisionados pela máquina do ensino, sem liberdade para o brinquedo e para o prazer. Ainda bem que já presenciamos tantas outras escolas que já conseguem transformar aprender em aprender com prazer. Desejamos que todas as escolas um dia possam transformar a vida em amor, harmonia, felicidade, coisas que fazem bem à vida e provocam sorrisos. Então as crianças poderão correr, jogar bolinhas de gude, soprar bolhas de sabão, pelo simples gosto, pelo simples degustar do prazer, e aprender com tudo isso. Porque sem uma grande paixão não existe saber. E o saber só tem sabor se experimentado com paixão. Segundo Santo Inácio de Loyola, "porque não é o muito saber que sacia e satisfaz o espírito, mas o sentir e saborear as coisas internamente"[1].

Para Rubem Alves[2] o aprender para a vida seria uma coisa alegre e bonita. O prazer da contemplação, o jeito novo de ver, viraria o jeito novo de fazer. Assim o aprender ficaria sendo uma coisa boa para a cabeça e para o corpo: a expansão da felicidade. Andar na chuva, entrar nas poças de enxurradas, brincar de faz de conta, empinar pipas, andar de bicicleta e sentir o sopro suave do vento acariciando o rosto: isto é vida feliz, guiada pelo desejo. Por que não ensinamos isso aos educandos? Porque não somos crianças, somos adultos vacinados pela realidade, domesticados, levados a engolir nossa vida sem saboreá-la, privando-nos do gozo macerado e amado do viver. E, por isso, não permitimos que eles o sintam.

O aprendizado divide a criança. Ela tem de deixar de ser criança e se enfronhar num mundo sério, triste. E isso faz que a criança se afaste da dança das bonecas, do brinquedo, do voo dos papagaios. Seus pensamentos abandonam as fantasias e os contos de fadas. E os sacrifícios feitos pela escola terão uma recompensa: o diploma e uma vida insossa, fria, traumática, sem coração. Com as programações negativas, a criança vai desistindo da busca de mundos abertos em que ela possa criar, gozar o prazer do conhecimento. Ela encontra mundos

1 Ibid., p. 86.
2 Ibid., p. 106.

estabelecidos por outros e escondidos no feitiço das palavras. Então a criança é manipulada pelo adulto, de forma mansa ou autoritária.

A criança e o adulto veem e percebem as coisas de forma totalmente diferente. A criança tem uma linguagem própria. Os adultos, já sob o domínio da palavra, estão fadados a jogar sobre a criança toda uma rede de símbolos, que vai decidir sobre a construção de uma autoimagem e de um mundo que seja a ideal. "As palavras [dos educadores] vão entrando na carne, marcando o sangue, moldando os nervos sem que saibamos para quê..."[3].

A criança, por ser incapaz de construir significados com as palavras, não consegue modificar, corrigir ou explicar qualquer dado. Por exemplo, se a criança assiste a uma discussão dos pais, dos quais ela depende para a própria sobrevivência, ela capta o terror, o medo produzido pela situação. Isso provoca na criança uma profunda insegurança, que vai projetar-se na vida adulta. Como não sabe ainda racionalizar, quase sempre reage emotivamente. Ela se sente pequena, dependente, desajeitada. E o adulto, confirmando tais sentimentos, produz na criança sensações que farão crescer seu reservatório de dados negativos a respeito dela própria: "Sou eu a culpada", "Nunca faço nada certo, mesmo", ela pensará. Esta conclusão e a experiência continuada de sentimentos infelizes levam a criança a confirmar as gravações permanentemente no cérebro, as quais não se apagam facilmente. Essa é a herança de ter sido criança. Se mesmo os pais bons e amorosos passam para a criança uma programação negativa, que dizer dos filhos de pais negligentes, cruéis e opressores? Mas há também a maneira de se programar positivamente. Há o lado alegre que podemos proporcionar; podemos ajudar a criança a se tornar positiva, a se sentir positiva. É o trabalho da autovalorização, da melhoria da autoestima, da ressignificação[4]. Nem tudo está perdido, somos ainda capazes de

3 Ibid., p. 78.
4 Anthony ROBBINS, *Poder sem limites*, São Paulo, Sumus, 1987.

reverter o quadro, pois a criança guarda no seu cérebro também a primeira sucção no seio materno, o ninar da mãe, o correr atrás de uma borboleta, o semblante de aprovação e apoio do pai, o sorriso carinhoso de familiares.

Os princípios da educação biocêntrica propõem ao educando experimentar se expressar de diferentes formas na comunicação com outros seres, pois os diferentes saberes, as diferentes mensagens recebidas dos adultos devem ser refletidas, analisadas, dialogadas para que a vida se direcione para a beleza, a consistência, a plenitude da vida. O educando deve saber que a tecnologia, a poesia e a arte entram em interconectividade e devem ser utilizadas para o bem-estar, para a alegria, para o crescimento intelectual, emocional e espiritual, provocando assim a ecologia profunda, do reconhecimento e expressão das emoções legítimas, cultivo da afetividade e expansão da consciência moral e ética. Somos pais de todos os filhos, devemos trazer no nosso comportamento a essência que leva à transformação pessoal e social, para como exemplo induzir o educando ao resgate dos valores humanos e do poder pessoal. Essa essência deverá ser a preocupação de todos nós, seres humanos, por meio de um sentimento afetivo por todas as criaturas. Mudemos nossas lentes, passemos a ver no comportamento do outro, muitas vezes, a falta de significado, a carência de afeto, de valorização e de alegria; esses dados dificultam a elaboração profunda da vida, pois educar nossos filhos e adolescentes acontece quando a qualidade de relacionamento entre educador e educando transforma-se em paixão. Quando o olhar do educador é terno, compreensivo, interessado, levando o educando a se sentir encorajado, a enfrentar os desafios e a perceber que há um prazer inesgotável nesse fluxo de aprender todos os dias um pouco mais da vida, em conhecer a presença digna de Deus em cada ato nosso que nos dá sentido. Outro pensador, Humberto Maturana (1995), nos fala sobre autopoiese, o ser humano se criando a cada dia, pois somos cocriadores da grande obra do Criador. E viver é conhecer, é relacionar-se consigo e com o outro, é estabelecer vínculos de cooperação, vínculos amorosos.

Maturana diz que todas as nossas ações e condutas acontecem sob o domínio de uma emoção, que para ele é o Amor, que dá legitimidade à convivência, quando temos que ver o outro, o nosso próximo como legítimo outro, respeitando todas as suas individualidades, como criação única do Pai. Nascemos seres amorosos, não podemos fugir desse destino. Não nascemos sabendo fazer discriminações, com preconceitos, com ódio. Podemos perceber que as crianças naturalmente se aceitam, não sabem discriminar raça, classe social ou religião. A intolerância é aprendida na convivência com os adultos. Está provado cientificamente que a tensão entre os indivíduos é sempre diminuída pelo contato, pela carícia, pela compreensão e pela amorosidade, que nos motivam a oferecer aos outros seres humanos a lucidez de que fazemos parte da humanidade. Para isso é preciso ativar os núcleos inatos biológicos, instintivos, emocionais, sociais e espirituais. Buber (2009) admite três virtudes para a realização pessoal que ultrapasse a dimensão do "eu":

- Amor — assemelhar-se ao Divino
- Alegria — reconhecer tudo como um dom Divino
- Humildade — busca verdadeira de si mesmo

Estas virtudes dão ao diálogo entre educador e educando transcendência: estar centrado em si para se ver no outro e para ver o outro como um companheiro de caminhada, com toda a sua potencialidade e com toda a sua fragilidade, não sendo por isso um ser ruim, mas em trajetória na escola da vida.

Thomas Harris (1977) descreve uma paciente que ao fazer regressão mental registrou a seguinte situação:

> Tenho quatro anos; estou no chão da cozinha brincando com as tampas das panelas, batendo umas sobre as outras e escutando o barulho que elas provocam. Minha mãe pega-me com raiva, sacode-me e esbraveja. Fico atordoada, sem saber o que está aconteceu-

> do, tenho medo. Penso: por que ela é tão louca? Devo ter feito uma coisa horrível, ela não vai me amar mais. Como sou ruim![5].

Com todo esse aparato vocabular, gestos, comportamentos, tornamo-nos cada vez mais distantes da criança. As nossas atitudes caem como trovões na cabecinha indefesa da criança, que, não tendo ainda senso crítico para discernir o que é real e o que deve ser ignorado, torna-se tímida ou desenvolve comportamentos inadequados, deixando a autoestima lá embaixo. A linguagem do adulto torna-se para ela uma linguagem distante, confusa, inatingível. Então, a criança sente-se a pior de todas, a própria "burrinha"; não consegue alcançar o mundo adulto. Nós temos a memória curta, esquecemo-nos de que fomos crianças um dia. O sono tranquilo e sereno da criança se transforma em pesadelo, em conflito, devido à grande cobrança do adulto. Durante a infância inteira ouve-se: "Não briguem, sejam bonzinhos", "Dê seu brinquedo para o amigo, você não pode ser egoísta"; porém, basta crescer mais, entrar na adolescência, para os pais dizerem: "Brigue pelo que é seu", "Não se faça de bobo", "Não empreste coisas, cada um que compre as suas", "Não ensine a lição para o colega, assim você terá melhor nota". Consegue entender o atordoamento na cabeça desses seres? Depois, dizemos assim: "Como você é confuso!". Nunca dizemos: "Como o fiz confuso, por isso você hoje não sabe o que quer". Sei que estas observações são muito duras, mas muito realistas. Percebo que nós, adultos, vamos vivendo o dia a dia sem pensar que a nossa missão de educadores é muito rica se sabemos fazê-la rica, mas será terrível se não levarmos em conta o ser humano em cada criança. É preciso ensinar a enxergar o mundo real, nem fantasioso apenas, nem terrível, para que a criança saiba transformar, autonomizar-se emocionalmente, saber que depende dela também enxergá-lo mais belo, para que o tempo não tenha sido perdido e o passado não tenha sido inútil. Ensinar a criança a ser feliz é um grande presente a ser oferecido.

5 Thomas A. HARRIS, *Eu estou OK, você está OK*, Rio de Janeiro, Artenova, 1977, p. 56.

Muitas vezes educamos aterrorizando e intimidando. Outras vezes, nossa educação baseia-se em trocas. "Você vai ver quando seu pai chegar", "Você me paga", "Se você não quer fazer isso, quando precisar também não farei". Na escola: "Se não se calar, vai para a diretoria", "Menos meio ponto na média". Nessas atitudes, não consigo enxergar ser humano ensinando ser humano — que tristeza!

O amor não pode ser comprado ("Gosto de você porque você traz boas notas", "Só faço se você me der um beijo"). Não, o amor é incondicional. O ser humano tem de ser amado porque ele é um ser humano, unicamente. A nossa tendência é querer que a criança seja a nossa cópia, a nossa sombra, e assim deixamos de respeitar seus desejos, suas formas diferenciadas de fazer as coisas, seus gostos, pessoa outra que é. Lembro-me de uma frase de Rubem Alves: "É o prazer de estudar, de investigar, de perguntar que faz da educação uma coisa bonita, gostosa, brinquedo feito empinar pipa"[6].

Qual é o sabor da manga? Só quem já comeu é capaz de saber. Não há palavras que possam explicar o prazer de degustar uma manga. É preciso que a criança a chupe, cheire-a, prove-a, atenta, para que todo o seu corpo escute a fala silenciosa do gosto e do cheiro. Por isso é preciso sapiência, paciência, ciência.

> Que a aprendizagem seja uma extensão progressiva do corpo, que vai crescendo, inchando, não apenas em seu poder, mas em sua capacidade para sentir o prazer, o prazer da contemplação da natureza, o fascínio perante os céus estrelados, a sensibilidade tátil ante as coisas que nos tocam, o prazer da fala, o prazer das estórias e das fantasias, o prazer da comida, da música, do fazer nada, do riso, da piada... Afinal de contas, não é por isto que vivemos, o puro prazer de estar vivos?[7]

6 Rubem ALVES, op. cit., p. 84.
7 Ibid., p. 106.

E é exatamente deste prazer que precisamos durante toda a nossa vida. É importante que as crianças cresçam valorizando suas vidas, trazendo para si essas vivências, lembrando-se sempre delas e transformando-as em jeito de viver, jeito de estar no mundo.

Indo pela calçada com meu filho Clerison, encontramos uma parte dessa calçada, em frente a uma loja de esportes, forrada de grama sintética. Clerison achou isso muito interessante. Tirou o sapato e passou os pés na grama, depois as mãos. Deitou-se e passou nela o rostinho. Cheirou-a. E depois rolou seu corpinho pela grama. Fiquei observando como a criança gosta realmente de conhecer com todo o seu corpo, usando todos os sentidos. A brincadeira no mundo infantil tem um significado real. A criança organiza o seu universo interior por meio do lúdico. Todo o desenvolvimento da criança está ligado à brincadeira, pois ela identifica o nível de desenvolvimento cognitivo em que se encontra a criança.

Piaget enumera três grandes etapas no mundo do conhecimento infantil: a primeira é a dos exercícios, que vai do nascimento aos 2 anos de idade, período em que a criança descobre os movimentos e sensações; dos 2 aos 5 anos, a criança vive a fase simbólica, na qual são evocadas todas as experiências passadas por meio das brincadeiras e histórias criativas; e dos 5 aos 8 anos a criança já é capaz de estabelecer regras de jogo em suas atividades cotidianas e procura divertir-se mais em grupos[8]. A criança imita, pelas brincadeiras, a vida adulta. Adapta todo o seu desenvolvimento físico, emocional, intelectual, motor e sexual fazendo ensaios por meio dos jogos infantis. Penso que a disciplina surge somente do prazer, da vontade de aprender, de ser, de se integrar. Podemos perceber que, quando não há prazer, o professor e os pais começam a ameaçar, a querer que a criança aprenda à força; aparece então o caos, uma luta desgastante e sem sentido, sem resultados. Então, é hora de ensinar à criança que viver é um processo criativo. E, junto com ela, criar

8 J. PIAGET, *A construção do real na criança*, trad. Álvaro Cabral, Rio de Janeiro, Zahar, 1970.

regras e fazer que sejam cumpridas pelas crianças e pelo adulto. Mostrar-nos parceiros no aprender e no viver faz que a criança se sinta motivada a aprender a obedecer às regras. Viver é um processo criativo, a linguagem também, e é por meio desta que a criança cria a sua imagem. Essa autoimagem acompanha o ser pelo resto de sua vida, dirige-o, determina seu comportamento, porque o ser acredita nessa imagem e faz dela seu instrumento de vida.

O entendimento das coisas depende muito da imaginação e da emoção. Nély Nucci mostra claramente em um livro seu a maneira como a criança vê as coisas externas — com uma grande dose de emoção e envolvimento. Os objetos têm a dimensão de sua emoção. A criança sente sua casa grande quando tem que, por exemplo, varrer o quintal ou lavar a calçada. Mas quando se encontra doente ou de castigo, seu sentimento é de que tudo fica pequeno, como seu quarto, sente-se presa, sufocada[9].

Observe que a criança sabe sentir, falar, aprender com aquilo que ela experiencia, vive. Ela ainda não possui a capacidade de abstração e nem tem senso crítico, apenas vivencia o que passa pelos seus sentidos. Nós sentimos as coisas com objetivos, com praticidade, mas a criança não. Ela só enxerga o lado verdadeiro, o lado sensível das coisas, através de sua imaginação e sua sensibilidade.

Cecília Meireles consegue demonstrar o sentimento infantil com o texto "Brinquedos incendiados":

> Uma noite, houve um incêndio num bazar. E no fogo total desapareceram, consumidos, os seus brinquedos. Nós, crianças, conhecíamos aqueles brinquedos um por um de tanto mirá-los nos mostruários [...].
>
> O incêndio, porém, levou tudo. O bazar ficou sendo um famoso galpão de cinzas.

9 Nély NUCCI, *A minha casa*, São Paulo, Paulinas, 1987.

> Felizmente, ninguém tinha morrido — diziam em redor. Como não tinha morrido ninguém? — pensavam as crianças. Tinha morrido um mundo, e, dentro dele, os olhos amorosos das crianças, ali deixados. E começávamos a pressentir que viriam outros incêndios. Em outras idades. De outros brinquedos. Até que um dia também desaparecêssemos sem socorro, nós, brinquedos que somos, talvez, de anjos distantes![10].

Que lindo! Impressionante a vivência interna profunda de cada elemento da natureza e a ligação forte existente entre a criança e esses seres.

A sensibilidade, a ternura e o carinho são aprendidos por meio da compreensão de que as pessoas são diferentes nas suas formas de ser, com sua história e suas vivências próprias. O respeito é a mola propulsora da sensibilidade. O contrário é evidenciar as fraquezas dos outros, torná-los alvo de risos e sarcasmos, praticando assim o *bullying*. Respeito é saber que cada ser humano é único, que todos têm valor. E que o que acho feio no outro é uma interpretação minha, é apenas um capítulo da história dele. O respeito verdadeiro dá-nos a compreensão de que mudamos todos os dias, as habilidades mudam e todos precisam de tempo, de pausas, têm um ritmo próprio. Ter sensibilidade é saber que quando há desconsideração há desprezo, há dor, há mágoa, que vão repercutir enormemente na outra pessoa. Quando há respeito alcança-se um ponto de tranquilidade, pode-se caminhar com estabilidade, observando as coisas e pessoas no seu íntimo com dignidade.

10 Cecília MEIRELES, *Quadrante 1*, Rio de Janeiro, Ed. da autora, 1968, p. 127-128.

cinco

educando para a comunicação

Encontrei, há tempos, um artigo esquecido, provavelmente escrito havia muito, pois estava velho, amarelecido e destacado. Só sei informar que era da revista *Cláudia*, não consegui maiores dados bibliográficos. Esse artigo procura mostrar como a criança sente as palavras e as atitudes dos adultos:

"Me respeite, menino!"

Ele olha para você meio perplexo, às vezes grita, chora, às vezes fica acuado, como um animalzinho ferido. E você repete, cheia de convicção: "Me respeite, menino!". Alguma vez você se perguntou o que é o respeito para ele? De que forma suas palavras e seu comportamento são sentidos por ele? Seu filho é apenas um garotinho, que lhe escreveria mais ou menos esta carta se pudesse se expressar como gente grande, se pudesse entender seu próprio drama.

Querida mamãe:

Estou aqui, no meu castigo, como você mandou. Sei não, mas uma sensação esquisita, de injustiça, dói mais do que ter sido castigado. Sabe, como se eu estivesse caindo de muito alto, rodopiando, a cabeça girando... começo a rever coisas de que nunca imaginei ainda ter lembrança. Coisas que devem ter alguma relação com o que aconteceu hoje.

Acho, mamãe, que você não se deu conta. Quando gritei, quando fiz aquele "*show*", como diz você, diante das visitas, lembra do que estava acontecendo? Lembra, mamãe? Você estava contando a todo mundo um segredo que era nosso. Eu falei pra você que era segredo. E você simplesmente contava como se fosse uma gracinha, como se não tivesse importância.

Foi sempre igual e eu pensava não saber... Foi sempre assim, mamãe. Muitas e muitas vezes tive a impressão de estar sendo invadido, injustiçado, desrespeitado. Mas eu pensava que não sabia o que era isso. Afinal, sou "apenas uma criança", como dizem os adultos. E esse "apenas" parece um rótulo de incompetência até para sentir os próprios sentimentos. Que ironia!

A gente sente, sim, e sente muito forte, e desde que veio ao mundo. Quando saí de dentro de você e meu ritmo de vida se descompassou, senti-me perdido, vazio de mim mesmo, pedindo a volta à totalidade, o ponto de referência, o corpo morno, a sociedade.

Você, mamãe, já era gente grande. Você já tinha esquecido esse tempo perdido, de angústias que não se dizem. Eu era um recém-nascido, sujeito às ordens dos sábios, fechado no meu quarto silencioso, berrando às vezes pelo seio e o conforto do colo que ele traz. Proibiram você de me dar esse colo a qualquer hora, para eu não ficar manhoso. E você simplesmente obedecia.

Mas há um segredo nosso, a que pessoas sérias fecham os olhos: a gente queria se tocar. Eu, mamãe, só tinha o choro como meio de dizer. Você, mamãe, tinha entre todos os outros dons o de ludibriar. Quando eu começava a me habituar com o novo ritual, você entrava no meu quarto às escondidas, me ninava com o coração aos pulos, feito ladrão de amor. Mesmo assim era bom. Eu chorava. Queria mais. E mais não vinha. Você, mamãe, atendia aos seus desejos. Atendia mal, se angustiando, mas atendia.

E eu, mamãe? E o respeito pelos meus sentimentos, pelo meu coração que aí disparava, imaginando nesses curtos intervalos de carinho o direito a tê-la de novo? Pois é, mamãe. São coisas que parecem tão pequenas, que você nem pode compreender. Pensando que recém-nascido não é gente, surda à voz dos seus instintos, você fazia de mim um brinquedo. Um bonequinho quando eu me submetia; um irritante quebra-cabeça quando eu me rebelava.

Esse tempo passou, mamãe, mas tudo continua muito igual. Hoje estou de castigo porque fiz "uma cena" ao vê-la revelar em público o que lhe contei como segredo. Segredo de criança. "Coisa sem importância, mas engraçadinha...".

Eu sei, mamãe, que você sofre suas contradições. Sei mesmo. Como quando eu era pequenino: eu sentia no ar um "Esse pestinha que não para de chorar". Mas eu sentia esse suspiro dividido. Como se ele se completasse com um: "Ah, que vontade de acalmá-lo em meus braços!". E quando você me acalentava "um pouquinho só para matar a vontade" eu achava que tinha ganho a batalha.

Foi sempre assim. Vivi atento ao jogo das suas contradições, do seu afeto dividido, para conseguir achar o meu lugar. Eu queria você toda, a fofura do seu colo morno, o Paraíso perdido, com que a gente nunca deixa de sonhar. Foi assim que aprendi o valor do choro, da chantagem, da mentira. E foi assim que cresci confuso, dividido, ao tentar compreender a lógica do comportamento humano. Eu me submetia quando parecia melhor me submeter. Gritava quando parecia melhor gritar. Atento ao seu desejo, eu tentava realizá-lo. "Hoje mamãe está nervosa, precisa descarregar em cima de alguém." Sentia no ar sua vibração, fazia minhas travessuras e depois ouvia pela tarde afora suas queixas: "Esse menino é impossível!".

Mas tudo isso me fazia mal. Era... era difícil demais absorver o código de lógica dos adultos. Para mim, o fato de ouvi-la dizer meu nome duzentas vezes por dia era sinal de que estava dando certo. "Zezinho é bom; Zezinho é mau...". No início era indiferente. Importava ouvi-la dizer: "Zezinho!".

"Zezinho não come, Zezinho é pirracento, Zezinho não respeita ninguém, Zezinho...". Era eu. Aquilo era eu. E eu tentava ser aquilo tudo, pois, se mamãe dizia, mamãe querida, mamãe que eu amava tanto, mamãe que sabia das coisas, se mamãe dizia era verdade. Devia ser esse Zezinho a criança que ela gostaria de ter. Eu queria ser a criança que você gostaria de ter.

Ah, mamãe querida, quanta confusão! Quanto desencontro! Dentro de minha cabeça, eu tentava agradá-la, sendo o que sua voz rotulava; dentro da sua cabeça eu a desrespeitava!

Sabe, para a criança a vida é um desafio. A gente só tem os impulsos, os desejos, os sentimentos, que nome você queira dar. E tudo isso não nos leva a entender as exigências do mundo, quase sempre contra esses desejos.

De repente, a gente recebe uma colher de sopa de beterraba pela garganta, mas vê o papai deixar sua beterraba no canto do prato. De repente, a gente leva umas palmadas porque foi "malcriado", mas ouve você, mamãe, dando uma incrível bronca no papai, na empregada ou na vovó, sua mãe! De repente, eu não respondo quando você fala e você me puxa as orelhas, me chama de pirracento; quantas vezes, mamãe, eu falo e você não responde? Você não é pirracenta, mamãe? Seu trabalho é mais importante do que o meu? Por quê? Só porque eu sou criança? Ou porque eu me divirto trabalhando com meus brinquedos? A gente é pequeno, mas sente...

Verdade, mãe, gente pequena vê e sofre... Pois é, mãe... Eu sei que você também fica confusa. Mas, acredite, gente pequena também sofre. Quer entender. Você me proíbe de mexer nas suas gavetas, de tocar seus objetos preciosos. Mãe, você mexe nos meus brinquedos, você joga fora muitos dos meus tesouros, dizendo que são "porcarias". Porcarias minhas pedrinhas, minhas tampas de garrafas, minhas bolinhas de plástico, minhas folhinhas secas que levei tanto tempo colecionando pra dar pra você!

Sabe, mãe, eu aceitei não ter você toda para mim. Dividia com papai, dividia com a irmã, com o mundo. Não condene quando faço cenas de ciúme. Você não tem ciúme do papai? Não revela meus segredos, você que me impede de dizer tanta coisa e que tantas vezes mente diante de mim? Não ridicularize meus deveres escolares ou minhas brincadeiras; você não gosta de ser ridicularizada. Não me diga que sou preguiçoso, nem use rótulos definitivos; eu posso me convencer disso, agir de acordo com esses rótulos e deixá-la, sem querer, ainda mais irritada. Não me chame de incapaz, mesmo sutilmente, ao me obrigar a fazer o que você não faz, a comer o que você não come, a entender o que nem você entende. Eu não sou incapaz. Sou apenas uma criança.

Uma criança que depende totalmente dos adultos, que é moldada por eles, mas que sabe, no fundo mais fundo do seu coração, que, embora se esforce para ser amada, nem sempre os adultos têm razão! Se eles reconhecessem isso, se tentassem ser mais simples e verdadeiros, se procurassem situar a gente e explicar o que se passa quando o clima é de suspense (e que assusta uma criança, pois a gente percebe no ar e se sente ameaçado); se admitissem que erram e mostrassem por palavras e atos que tentam acertar; se considerassem a gente como seres capazes de compreender as coisas que são ditas, sem disfarces... já era um caminho para a gente saber por que deve respeitá-los!

Ah, mamãe querida, você vê. A vida inteira é pequena para a gente dizer tudo o que sente. Meu coração é cheio de perguntas que se misturam com medos, remorsos, vergonha, nem sei em que ordem. E um esforço que faço, cada dia, para me integrar nesse universo ainda caótico para mim. Não me diga, mamãe, a todo instante, que estou falhando. Se alguma coisa for muito importante para você, fale comigo de um jeito que eu entenda. Explique com calma por que sou obrigado a comer beterrabas e o papai não, por que devo ir para a cama cedo e você não. Por que vocês podem gritar comigo, me bater, invadir meu quarto... — isso tem explicação?! — e eu não posso, não devo fazer o mesmo com você. Convença-me, mesmo das coisas absurdas, com doçura, deixando-me tempo para falar também. Ouça a minha voz. Não me deixe nesta sensação de ter vindo de outro planeta para desestruturar um lar bem estruturado.

Eu quero acertar no aprendizado da vida. Talvez não me torne o filho com que você sonhou. Mas dentro dos meus limites, com a sua ajuda e o seu respeito, posso dar o melhor de mim mesmo. Com todo o meu respeito,

seu filho

É importante não apressar o rio, deixar simplesmente a criança ser. É só recordarmos as coisas simples da nossa infância, das quais, por serem simples, nos esquecemos tão rapidamente. Para penetrar neste mundo infantil, para entender a criança é preciso em primeiro lugar desarmarmo-nos. Buscarmos a criança que existe em nós. Colocarmo-nos no mundo infantil e tentar ver o mundo pela perspectiva das crianças, usarmos de empatia, tornarmo-nos crianças. Precisamos ver o mundo com olhos de criança, deixar desabrochar a criança que existe em nós e que está vestida de adultos sérios e carrancudos.

Quando a criança tem raiva, briga ou se sente injustiçada, não devemos falar: "Não foi nada, isso passa". Assim, a criança sente-se muito distante de nós, sente-se não aceita. Talvez a alternativa mais humana, mais próxima da criança seja esta: "Percebo como você está sofrendo com isso. Isso o incomoda muito, não é?". Se meu filho está tendo dificuldade com matemática, eu lhe digo: "Esse exercício é mesmo muito chato de fazer. Realmente, filho, eu também, quando era aluna, não gostava dessa matéria. Seria bom se não tivesse de estudá-la. Já que tem, então é encará-la com carinho". Percebo que com isso ele se sente mais aliviado. Sente a presença de alguém que o entende, que está ao seu lado. Minha mãe conseguia perceber isso. Ela dizia que um problema da criança, como uma simples roda solta do seu brinquedo, tem a mesma dimensão de um grande negócio, de uma grande soma de dinheiro a ser paga pelo adulto. Na maioria das vezes, para as crianças, nossa realidade está muito distante da realidade delas. A nossa própria estatura é assustadora em comparação à delas. Imagine você ao lado de outra pessoa que tenha o dobro da sua altura, e você tem de erguer sua cabeça para alcançar os olhos dela. Imagine que você, lá embaixo, enxerga um semblante bravo, um olhar de censura, de raiva dirigido contra você. Você se sentiria muito pequeno, amedrontado. Outra coisa importante nessa relação criança/adulto é manifestar o estímulo amoroso e o entusiasmo. A criança precisa da nossa alegria, do nosso entusiasmo, de perceber que fazemos o nosso trabalho com amor. O que importa é que façamos um bom trabalho de renovação, que façamos da educação um ato de amor e, por isso, um ato de coragem, pois ela precisa de muita aceitação e muito respeito. Ela sente, ressente-se quando não é respeitada, quando é injustiçada. Precisa saber que é aceita assim como ela é e não como os educadores sonham. Para ser aceita, não precisa fazer nada. Simplesmente ser criança, ser gente. Deve saber que estamos colaborando com o seu crescimento e que somos companheiros de caminhada. É importante ensinar-lhe a mágica da autovalorização. Acreditar que ela é capaz, é importante, é inteligente. Valorizá-la por ser ela: um ser humano, uma pessoa maravilhosa, imagem de Deus, dimensão infinita de Deus. Ser que confia em si mesmo, ser esperançoso, que crê em si, que enfrenta obstáculos com firmeza e força. Precisamos aprender que esse momento é único e irrepetível, que cada momento deve ser desfrutado, vivido em plenitude, "curtido", experienciado, saboreado.

seis

educação e autoridade

Tente, com um grupo, pegar uma folha e um lápis. Peça que façam o desenho de um quadrúpede de orelhas grandes, rosto alongado, cauda, focinho. Depois disso, compare o seu desenho com os de seus colegas. Observe que não se parecem uns com os outros. Por quê? Simplesmente porque faltou o *modelo*. A criança também é assim, precisa de um modelo. Só dizer-lhe que faça algo não basta. Nós somos esse modelo, daí nossa grande responsabilidade. Temos de ser modelos, não pessoas autoritárias, donas da vontade da criança. Autoridade não implica despersonalizar a criança. Autoridade é diferente de autoritarismo. E respeitar a criança não significa permissividade. Critérios, normas devem existir, esclarecer, e deve-se insistir na aceitação e na obediência a elas. Pai e mãe não são senhores da família, mas sim apenas o elemento coordenador, facilitador, mais maduro, por isso mais responsável. Se conseguirmos entender isso, qualquer trabalho educacional virará uma proposta consciente, porque mais verdadeira. O trabalho educativo é, antes de qualquer outra coisa, um trabalho de organização: organização da família, organização da vida da criança, organização da nossa própria vida pessoal e social na qualidade de pais e educadores.

Um dos pilares a ser levados em conta na estrutura básica de uma família é a autoridade paterna e materna. Infelizmente muitos pais edificam sua autoridade sobre bases falsas. Esses pais fundamentam sua tranquilidade na obediência dos filhos. Este é seu único objetivo. Nesse caso, nem tranquilidade, nem obediência duram muito. Por meio do autoritarismo até conseguem obediência, mas formam homens fracos e medrosos.

O educador soviético A. S. Makarenko (1888-1939) pesquisou e analisou várias espécies de falsa autoridade:

- *Autoridade de repressão*: os pais sempre gritam e repreendem, e por qualquer motivo dizem impropérios; só se dirigem aos filhos com ironia e grosseria, castigando-os por qualquer falta. Esse comportamento intimida a criança, faz que ela se mantenha longe dos pais, provoca a mentira e a covardia e desenvolve a crueldade.

- *Autoridade de distanciamento*: os pais pensam poder controlar a criança sem falar muito, por meio do silêncio, impondo atitudes. Dirigem-se a ela somente com a autoridade que julgam ter, nunca como seres humanos iguais, de idades diferentes.
- *Autoridade de presunção*: quando os pais se colocam numa posição privilegiada perante os filhos.
- *Autoridade de pedantismo*: quando os pais acham que sua palavra é sagrada e que os filhos devem escutá-la com devoção. Utilizam-se de palavras e de um tom frio para comunicar suas resoluções transformadas em leis. Isso mostra o medo que os pais têm de que seus filhos pensem que eles possam errar. É o perfeccionismo paterno. A vida da criança, seus interesses, seu crescimento, o desenvolvimento do seu ser passam-lhes despercebidos: só têm olhos para a chefia "burocrática" da família.
- *Autoridade de raciocínio*: quando os pais atordoam a cabeça dos filhos com intermináveis ensinamentos e conversas edificantes. Procuram aparecer diante das crianças como virtuosos e infalíveis. Esquecem-se de que as crianças não são pessoas adultas, de que elas têm sua própria vida, que deve ser respeitada. Essa vida é mais emocional, mais apaixonada que a do adulto e seus bloqueios; como ainda são frágeis, devem ser ouvidas em sua "sabedoria" não codificada.
- *Autoridade em nome do amor*: criam egoístas, mentirosos e hipócritas. Os pais pensam que a obediência é fruto exclusivo do carinho, por isso compram a obediência com o carinho. Assim, a criança percebe muito cedo que é fácil enganar os pais, bastando apenas simular uma expressão carinhosa. Mais ainda: percebe que pode intimidar os pais, mostrando-se não carinhosa. Desde muito cedo a criança começa a compreender que se pode "ganhar" os outros fingindo certo afeto, e às vezes acostuma-se cinicamente com a simulação.
- *Autoridade da bondade*: Os pais não usam beijos, mas concessões, brandura e "bondade". São aqueles que nada negam à criança, resguardam a qualquer custo a aparente tranquilidade do lar, estão

dispostos a qualquer sacrifício para conservá-la. Com esse tipo de autoridade, os filhos logo começam a mandar na família, pois não há limites para a execução de seus desejos.

- *Autoridade do suborno*: os pais garantem pelo menos o silêncio de seus filhos com promessas de compras, passeios, programas, concessões de toda ordem. Pode-se premiar a aplicação no estudo, o empenho numa atividade esportiva ou artística, o cumprimento de um trabalho difícil, mas em caso algum a recompensa deve ser anunciada.

Há, porém, formas verdadeiras de autoridade, que chegam a transformar por completo a relação pais/filhos. A autoridade da alegria, da sabedoria, da cortesia, da beleza, do respeito mútuo, do amor, que aprimora e faz crescer. O principal fundamento da autoridade está na conduta, no testemunho dos pais. Se cumprirem sua missão de maneira honesta, racional e cheia de amor, se se propuserem objetivos importantes e verdadeiros, se analisarem seus próprios atos, sua autoridade será verdadeira, porque nascida da consciência de poder exercê-la bem. É importante ser amigo de seu filho, mas não renunciar ao seu papel de mãe, de pai. Se você sai do seu lugar de pai, de mãe, o seu filho não o(a) respeita, não o(a) obedece, pois fica sem referência. Não ter medo de dizer não, contanto que seja mesmo importante para a criança esse não. Muitas vezes dizemos não a torto e a direito, nem mesmo nós sabemos por quê. O nosso não tem de ser questionado. Sempre é possível recomeçar. É só botar o pé na estrada. Não esperar ser perfeito para começar a ser bom pai, boa mãe. Aquele que espera isso nunca começa. O que vale não é ser perfeito, e sim que eu me aceite. Aceitação baseada na verdade que me liberta. E estar no caminho certo que aponte o sentido. Experiência amorosa e lúcida, mostrando que podemos aprender sempre e até junto de nossos educandos.

Não fechar a estrada chamada diálogo. O diálogo é uma atitude de abertura, faz que seu filho sinta que você pode mudar, que está disposto a se abrir, a melhorar. Ao mesmo tempo, usando de firmeza para não abrir mão de valores fundamentais. Firmeza doce, suave, mas segura. Proteção e segurança, porém, que permitam à criança administrar sua personalidade. Por trás de toda superproteção existe uma rejeição. A pessoa que ama não abafa, não superprotege.

Pois bem, depois de todas essas considerações, falemos da ternura, do carinho, do tocar, dos sentimentos. Sejamos iluminados e traremos brilho para a vida infantil, porque ela emana de nós mesmos. O iluminado é aquele "que vai deixando um rastro de luz por onde quer que passe. Porque se encanta, porque se apaixona, porque abraça com calor e com amor, porque sorri e é feliz"[1].

Encantei-me com a história de carícias de Claude Steiner, que Ângelo Gaiarsa conta na introdução do livro de Roberto Shinyashiki, *A carícia essencial*:

> Era uma vez, há muito tempo, um casal feliz. Antônio e Maria, com dois filhos chamados João e Lúcia. Para entender a felicidade deles, é preciso retroceder àquele tempo. Cada pessoa, quando nascia, ganhava um saquinho de carinhos. Sempre que uma pessoa punha a mão no saquinho podia tirar um Carinho Quente. Os Carinhos Quentes faziam as pessoas sentir-se quentes e aconchegantes, cheias de carinho. As pessoas que não recebiam Carinhos Quentes expunham-se ao perigo de pegar uma doença nas costas que as fazia murchar e morrer. Era fácil receber Carinhos Quentes. Sempre que alguém os queria, bastava pedi-los. Colocando-se a mão na sacolinha surgia um Carinho do tamanho da mão de uma criança. Ao vir à luz o Carinho se expandia e se transformava num grande Carinho Quente que podia ser colocado no ombro, na cabeça, no colo da pessoa. Então, misturava-se com a pele e a pessoa se sentia toda bem.
>
> As pessoas viviam pedindo Carinhos Quentes umas às outras e nunca havia problemas para consegui-los, pois eram dados de graça. Por isso, todos eram felizes e cheios de carinhos, na maior parte do

1 A. S. MAKARENKO, *Conferências sobre educação infantil*, São Paulo, Scipione, 1989.

tempo. Um dia uma bruxa má ficou brava porque as pessoas, sendo felizes, não compravam as poções e os unguentos que ela vendia. Por ser muito esperta, a bruxa inventou um plano muito malvado. Certa manhã ela chegou perto de Antônio enquanto Maria brincava com a filha e cochichou em seu ouvido: "Olha, Antônio, veja os carinhos que Maria está dando à Lúcia. Se ela continuar assim vai consumir todos os carinhos e não sobrará nenhum para você". Antônio ficou admirado e perguntou: "Quer dizer então que não é sempre que existe um Carinho Quente na sacola?" E a bruxa respondeu: "Eles podem se acabar e você não os ganhará mais". Dizendo isso a bruxa foi embora, montada na vassoura, gargalhando muito.

Antônio ficou preocupado e começou a reparar cada vez que Maria dava um Carinho Quente para outra pessoa, pois temia perdê-los. Então começou a se queixar a Maria, de quem gostava muito, e Antônio também parou de dar carinhos aos outros, reservando-os somente para ela. As crianças perceberam e passaram também a economizar carinhos, pois entenderam que era errado dá-los. Todos ficaram cada vez mais mesquinhos.

As pessoas do lugar começaram a sentir-se menos quentes e acarinhadas e algumas chegaram a morrer por falta de Carinhos Quentes. Cada vez mais gente ia à bruxa para adquirir unguentos e poções. Mas a bruxa não queria realmente que as pessoas morressem, porque, se isso ocorresse, deixariam de comprar poções e unguentos: inventou um novo plano. Todos ganhavam um saquinho que era muito parecido com o saquinho de Carinhos, porém era frio e continha Espinhos Frios. Os Espinhos Frios faziam as pessoas sentir-se frias e espetadas, mas evitava que murchassem. Daí para frente, sempre que alguém dizia "Eu quero um Carinho Quente", aqueles que tinham medo de perder um suprimento respondiam: "Não posso lhe dar um Carinho Quente, mas, se você quiser, posso dar-lhe um Espinho Frio". A situação ficou muito complicada porque, desde a vinda da bruxa, havia cada vez menos Carinhos Quentes para se achar e estes se tornaram valiosíssimos. Isto fez que as pessoas tentassem de tudo para consegui-los.

Antes de a bruxa chegar, as pessoas costumavam se reunir em grupos de três, quatro, cinco sem se preocupar com quem estava dando carinho para quem. Depois que a bruxa apareceu, as pessoas começaram a se juntar aos pares e a reservar todos os seus Carinhos Quentes exclusivamente para o parceiro. Quando se esqueciam e davam um Carinho Quente para outra pessoa, logo se sentiam culpadas. As pessoas que não conseguiam encontrar parceiros generosos precisavam trabalhar muito para obter dinheiro para comprá-los. Outras pessoas se tornavam simpáticas e recebiam muitos Carinhos Quentes sem ter de retribuí-los. Então, passavam a vendê-los aos que precisavam deles para sobreviver. Outras pessoas, ainda, pegavam os Espinhos Frios, que eram ilimitados e de graça, cobriam-nos com cobertura branquinha e estufada, fazendo-os passar por Carinhos Quentes. Eram na verdade carinhos falsos, de plástico, que causavam novas dificuldades. Por exemplo, duas pessoas se juntavam e trocavam entre si, livremente, os seus Carinhos Plásticos. Sentiam-se bem por alguns momentos, mas logo depois sentiam-se mal. Como pensavam que estavam trocando Carinhos Quentes, ficavam confusas.

A situação, portanto, ficou muito grave. Não faz muito tempo uma mulher especial chegou ao lugar. Ela nunca tinha ouvido falar na bruxa e não se preocupava que os Carinhos Quentes acabassem. Ela os dava de graça, mesmo quando não eram pedidos. As pessoas do lugar desaprovavam sua atitude porque essa mulher dava às crianças a ideia de que não deviam se preocupar que os Carinhos Quentes terminassem. Era chamada de Pessoa Especial. As crianças gostavam muito da Pessoa Especial porque se sentiam bem em sua presença e passaram a dar Carinhos Quentes sempre que tinham vontade. Os adultos ficaram muito preocupados e decidiram impor uma lei para proteger as crianças do desperdício de seus Carinhos Quentes. A lei dizia que era crime distribuir Carinhos Quentes sem uma licença. Muitas crianças, porém, apesar da lei, continuavam a trocar Carinhos Quentes sempre que tinham vontade ou que alguém os pedia. Ainda não sabemos dizer o que acontecerá. As

> forças da lei e da ordem dos adultos forçarão as crianças a parar com sua imprudência? Os adultos se juntarão à Pessoa Especial e às crianças e entenderão que sempre haverá Carinhos Quentes, tantos quantos forem necessários? Lembrar-se-ão dos dias em que os Carinhos Quentes eram inesgotáveis porque eram distribuídos livremente?[2].

Sejamos pessoas especiais na vida das crianças, espalhemos Carinhos Quentes onde quer que estejamos, espalhemos o nosso rastro de luz, porque somos estrelas, não tenhamos vergonha de mostrar o nosso brilho.

2 José Angelo Gaiarsa, in Roberto SHINYASHIKI, *A carícia essencial*. Uma psicologia do afeto. São Paulo, Instituto Gente, 1984, p. 15-17.

sete

aprendendo a educar

Agora convido você a fazer comigo um relaxamento.

Fique bem à vontade, sentado ou deitado. Solte bem os braços, o pescoço, os ombros, a cabeça. (Usar música bem suave.)

Respire profundamente. Inspire. Encha bem os pulmões de ar e expire bem devagar. Ao inspirar, imagine que está se enchendo de Deus, do Absoluto, do infinito e de um grande amor criador. Ao expirar, ordene à sua mente que mande embora tudo o que a incomoda agora: cansaço, preguiça, tristeza, mágoas, rancores, problemas, dificuldades...

Inspire outra vez, agora inspirando toda a paz do universo, toda a energia. Solte o ar bem devagar. Leve a sua imaginação ao passado. Retroceda no tempo e se veja criança. Recorde-se. Veja-se com 4 anos. Com 5, 6, 7, 8, 10.

Procure lembrar-se de como você era. As roupas que você vestia. As coisas que você fazia e que mais gostava de fazer. Com que brinquedos você mais gostava de brincar? Que brincadeiras eram preferidas?

Caminhe pelos cômodos da sua infância. Observe a casa onde você viveu na época. Observe as paredes, a decoração do seu quarto, a sua cama. Observe a mesa de jantar, o lugar onde você se sentava. Veja agora os móveis da cozinha, a pessoa que fazia o seu alimento.

Agora fixe o seu pensamento no lugar onde mais gostava de ficar. Observe os detalhes todos desse lugar onde você gostava muito de ficar. Quem você vê lá com você? Toda a família? Ou uma pessoa em particular? Se for mais de uma pessoa, concentre-se naquela de quem você mais gostava. Se se tratar de uma pessoa em particular, detenha-se nela. Observe o seu semblante. O seu rosto, os seus olhos. O seu sorriso. Observe a maneira como essa pessoa falava com você. Observe bem o que é que a tornava especial para você.

Agora deixe o rosto da sua mãe aparecer diante dos seus olhos enquanto você crescia. Veja como ela era. Observe o seu olhar, o seu sorriso. Observe a sua maneira de acariciar, o seu jeito de ser, de conversar, de chamar a atenção, de aconselhar.

O que mais marcou você? De que qualidades de sua mãe você se recorda com mais exatidão? Quais os pontos positivos de que você se lembra? O que ficou para você de mais significativo na maneira como ela agia com você?

Agora, lembre-se do seu pai. Observe bem o seu semblante. Lembre-se de como ele o olhava, agia e falava.

Do que você melhor se recorda de quando estava com ele?

Agora, recorde-se dos seus anos escolares. Lembre-se do seu ambiente escolar, das pessoas com quem você se relacionava: colegas, professores, coordenadores, diretores. Que recordações ficaram na sua memória?

Que professores vêm à sua mente? Quem foi mais amigo?

Bem devagar, vá voltando ao mundo exterior.

Respire profundamente e faça de conta que você está acordando agora.

Respirando profundamente e bem devagar, vá movimentando os dedos das mãos, os braços, esticando o corpo, movimentando o pescoço. Respire e se espreguice como se estivesse saindo de um profundo sono.

Mais uma vez, respire. Solte o ar bem devagar e suavemente, abrindo os olhos.

As nossas experiências diárias com os filhos e/ou educandos podem ser memoráveis. Quanto mais sensíveis e atentos formos, quanto mais verdadeiros e humanos formos para com eles, tanto mais vivas serão as lembranças daqueles momentos. As lembranças mais carinhosas dos nossos filhos ou educandos serão das vezes em que eles foram escutados e compreendidos e souberam que foram amados. E só se sentirão amados quando tiverem conosco uma relação íntima e profunda. E se essa relação íntima e profunda acontecer entre a criança e o adulto acontecerá entre ela e Deus. E se acontecer entre ela e Deus ela nunca, durante a sua vida, se sentirá sozinha, porque terá a amizade do Pai do Céu. Contará com uma bagagem de vida equilibrada, forte, aberta às soluções para dificuldades que possam ocorrer. Isto é VIDA, vivência.

Quando acontece algo aterrador ou que coloca a nossa vida ou a de nossos entes queridos em risco é que paramos para valorizar o que é realmente importante. Dedicar mais tempo à família e melhorar o desempenho profissional são desafios cada vez mais prioritários. O trabalho é importante, pois significa qualidade de vida, é fundamental e enobrecedor, pois é a partir dele que nos sustentamos e damos conforto e condições à nossa família. É também uma forma de expressar amor, de contribuir para a nossa realização espiritual. A família é importante para a nossa realização pessoal; que a célula *mater* da sociedade provoque renovação e reformulação, fazendo que cada geração seja melhor que a anterior, na construção de uma sociedade melhor, onde as pessoas possam ser felizes e comprometidas consigo e com as outras. O tempo é importante enquanto equilíbrio da vida, nos dá a dimensão de concentração para atingir as principais prioridades, pois nos capacita a expressar o que é mais importante e aproveitar os momentos decisivos no dia a dia. O dinheiro é importante, pois se relaciona com quase todos os assuntos na relação de trabalho, na família, é a manifestação do valor que damos às coisas que o dinheiro pode comprar, e administrar o dinheiro é o aprendizado da disciplina e do caráter. A sabedoria é importante, pois nos leva a desenvolver a capacidade de nos equilibrar nos momentos decisivos da vida, momentos que nos desafiam e testam a nossa integridade, a nossa mente para termos bom senso e fazermos escolhas sábias todos os dias.

Muitos pais pensam que educam quando mandam à escola, pensando no futuro do filho em termos culturais e intelectuais, no intuito de que as regras de civilidade sejam cumpridas. Isto é muito bom, mas não é tudo; precisamos conduzir os nossos educandos para a felicidade e a plenitude da vida. E aqui não se educa com gritos, palavras, sem ação, sem exemplo. Pais e professores felizes e autoconfiantes têm mais resultados na educação, pois vivem o que ensinam. E, assim, seus educandos os seguirão, pois reconhecem os educadores como exemplos dignos de ser aprendidos. Gritos são sinônimo de impotência em impor normas, de incapacidade de lidar consigo mesmo, com as situações que vão se apresentando na vida e com as fases de crescimento que os filhos e educandos vão atravessando.

Percebe-se a mudança drástica entre o regime ditador e a anarquia em termos de educação, ficando os educandos à deriva, no sentido de não orientação, não diretriz. A verdade é que a falta de tempo, a justificativa do trabalho e tantas outras coisas não podem amenizar a responsabilidade da educação. Não basta enumerar situações que dificultam a educação. É preciso que pais e professores assumam a educação por inteiro, ou não serão educadores. A passividade embrutecedora só produz seres desequilibrados, frágeis e arrogantes. Não fazer nada é pior que tentar fazer e errar. Ser educador é uma opção que requer consciência do que se faz, responsabilidade pelo que se faz e entrega. É coisa para quem tem a coragem de dedicar afeto, motivação, reconhecimento, tolerância e coerência. Educar é saber na medida exata ter firmeza e flexibilidade, equilíbrio entre a razão e as emoções, entre o controle e a liberdade. É recomeçar todos os dias com empenho e perseverança. Cada educando é um ser único, especial, por isso não há receitas, mas há atitudes que são universais na convivência com crianças e adolescentes. A atenção, o escutar são presentes que um educando pode receber, pois, quando dotado de autoestima e autoconfiança e de princípios e valores humanos, tem introjetadas em si a integração social, a realização humana, de maneira construtiva e de colaboração com outros seres. Este é o prenúncio de um adulto bem-sucedido em todas as áreas da existência.

educando para a ética e a cidadania

Pierre Weil considera que quando elevamos nossa alma em direção ao Absoluto, em contato com a Verdade, a Beleza e o Bem, a ciência, a estética e a ética se transformam em uma única espiritualidade. É por meio da ética que a evolução humana acontece, na vivência das virtudes, como justiça e compaixão, forma humanizada de compartilhar a dor do outro.

Os direitos humanos são marcos de convivência, representam a síntese dos valores, direitos e deveres para se viver em comunidade. Para cumprir os direitos tem-se que conhecer também os deveres para com as pessoas, por isso as limitações devem ser vistas como necessidades em todos os âmbitos: na família, na comunidade educacional, no país, no planeta. Devem-se levar em conta os valores de justiça, de liberdade, de paz, assim como de cidadania, imprescindíveis para a convivência e que só se aprende vivendo. O respeito, a solidariedade, a felicidade, a esperança, o diálogo devem ser âncoras firmes e necessárias para encarar a função educadora de pais e professores.

Na construção da cidadania está inserida uma modalidade de prática educacional incrementada com a compreensão da realidade social e dos direitos e responsabilidades em relação à vida pessoal, coletiva e ambiental. Isto proporciona a experiência do autoconhecimento, do respeito pelo outro, da transposição para a vida pessoal de valores morais, equilíbrio emocional, responsabilidade pela melhoria na qualidade de vida no planeta, relacionamento harmonioso com o espaço onde se vive e com as pessoas com quem se vive.

A escola, a família, as instituições, as comunidades devem se transformar em espaços reais de aprendizagem onde todos são importantes e ninguém é esquecido nas suas dificuldades ou necessidades. A nossa proposta é voltada para a inclusão de uma metodologia de evolução da essência humana (anseios, necessidades e motivações inerentes ao homem, à sua natureza), para o entrelaçamento entre as pessoas, para que tenham a oportunidade de vivenciar a interdisciplinaridade e a transdisciplinaridade, numa visão da totalidade e da organicidade de que todo ser humano é feito.

Para viver os valores universais, a ética, a cidadania, deve-se buscar desenvolver em si e nos educandos uma atitude humana genuína que se origine do refletir, do sentir e do realizar. Transformar a ação dos educadores na relação com o desenvolvimento dos educandos — não só na sala de aula, na família, mas em todo e qualquer lugar, em toda e qualquer ação educativa — em ato verdadeiro e legítimo de amor. E que esse amor possa ser expresso em cada palavra, em cada gesto, em cada realização de tarefas e atos de vida. Vivemos um momento histórico em que as pessoas desejam um estilo novo de vida. Este momento clama por uma vida com mais significado, com a percepção de que somos todos participantes de um único processo e, portanto, queremos comunhão e transcendência. A base pedagógica para esse desafio deve ser o conhecimento profundo do ser humano e o amor que leva ao aprendizado, ao aperfeiçoamento de todas as faculdades humanas num processo de harmonização e de unificação, as quais produzem propulsão de ações que promoverão a fraternidade, a compaixão, a reverência e a cooperação como esteios da criação de uma nova sociedade. Desta forma, como já dito, a escola deve ser um espaço real de aprendizagem, onde todos são importantes e onde ninguém é esquecido nas suas dificuldades ou necessidades. A principal habilidade humana a ser desenvolvida é a da convivência e de lidar com o diferente, que é fundada no cultivo de valores humanos fundamentais.

dicas de convivência

Então, meu caro leitor, minha cara leitora, ser educador é estar preenchido de responsabilidades. Isso não é para deixar você nem a mim com culpa, mas sabendo que podemos fazer algo melhor, de forma mais consistente. Você poderá, com essa leitura, estar pensando: "Ah, meu Deus, mais responsabilidades?!". Não... Se soubermos dirimir nossas dúvidas, nossas ansiedades e nossos conflitos estaremos mais bem preparados para assumir nossa missão com galhardia. E se encher de culpa não é se responsabilizar, a culpa paralisa, faz da pessoa um ser incapaz e pequeno. Responsabilidade é entender que a sua vida é sua, é você que decide o que é melhor para você e para os seus educandos, e responder com habilidade, pois a integridade não está em seguir regras rígidas, está sim em aprender a ouvir o seu interior e buscar a melhor resposta. A partir do momento em que decidimos ser pai, mãe, professor ou tomar outra atitude de educador(a), seja qual for o caminho que tomemos, ele terá consequências e teremos que assumi-las. Tudo o que vivemos é resultado de nossas opções/decisões, conscientes ou não. Portanto, assumir a responsabilidade é fundamental. E responsabilidade é uma atenção para com a pessoa e não sobre a pessoa. É muito importante respeitar as escolhas pessoais das pessoas, mesmo das crianças e dos adolescentes, quando essas escolhas não tiverem consequências que poderão prejudicar suas vidas em todo sentido; quando puderem prejudicar, é necessário intervir. Diferenciar intervir de controlar, pois querer controlar todas as ações e os pensamentos de outrem, com a ideia de que é para o seu bem, é dominação. Você estará sendo dominador, dominadora se quiser resolver tudo sobre seus filhos, seus educandos. Eles devem aprender a autonomia, o cuidado consigo mesmos, a ser fiéis a si mesmos — isso não é egoísmo, é respeito por nossa parte mais iluminada, a nossa alma. Quando ouvimos nossa alma nos tornamos íntegros, inteiros, mais capazes de ajudar os outros. O que combina com nossa alma é de Deus. Quando meus filhos eram pequenos, eu dizia: "Faça o que o seu coração desejar". E era isso: quem tem Deus no coração, o coração só deseja o que é de Deus. Isso às vezes pode nos deixar incomodados, porque o que o nosso coração deseja exige de nós atitudes adequadas, sair de nós mesmos e ir até o outro, perdoar quando não estamos com vontade, ajudar quando estamos acomodados, mas assumir faz crescer e nos dá mais alegria.

Então, mãos à obra. Dicas de convivência serão oferecidas a você. E, claro, você tem muitas outras que poderá utilizar de acordo com as suas circunstâncias e com o seu aprendizado.

1. Procure reunir sua família uma vez por semana, por trinta minutos que seja. Se não conseguir, faça-o uma vez por mês, comece devagar. Num dos primeiros encontros procurem juntos listar mais ou menos seis atitudes mais comuns e corriqueiras na sua família (pais, irmãos — os que moram na mesma casa) que costumam tomar e que têm como resultados atitudes não positivas. Coisas simples, como não guardar objetos de volta em seus lugares, deixar a tampa do vaso sanitário levantada, ser sarcástico, rabugento, reclamão, não ouvir os outros com atenção, criticar, acender a luz ou falar alto quando alguém está dormindo. Depois de feita a lista, dialogar sobre como tais atitudes incomodam e como poderão ser modificadas para o bem de todos. É importante saber que numa família todas as pessoas têm o mesmo valor. A família é uma pequena sociedade onde todos têm os mesmos direitos e os mesmos deveres. Acabou a história de uns poucos terem que servir a todos os outros. Cuide para que a reunião seja leve, divertida e com resultados. Não demore mais que uma hora para terminar a reunião, que poderá ser com um abraço, com um convite para assistir a um filme juntos, para comer uma baciada de pipoca ou algo assim. Na sala de aula isso pode ser aproveitado para que educandos e educadores possam refletir sobre mudanças radicais na relação e criar um clima de satisfação, de companheirismo e de alegria no aprender.

2. Num outro momento elabore uma lista de cinco, seis ou mais atitudes corriqueiras, comuns, cujos resultados sejam positivos, aqueles resultados que deixam as pessoas alegres. Podem ser coisas simples, como surpreender alguém com alguma coisa agradável, levar flores para casa em qualquer dia da semana, uma bem elaborada bandeja de café na cama aos domingos, uma massagenzinha nos pés — hum, que gostoso! —, ouvir com atenção, desligar a televisão e cantar uma canção, oferecer um abraço, dizer a alguém que o ama (atitudes para filhos, educandos, amigos, marido, esposa e outros. Comece em casa e depois vá expandindo para toda e qualquer pessoa que você queira. Beleza! A vida fica linda!). Respeitar o espaço de cada um, cumprir promessas, demonstrar interesse em ajudar o

outro nas suas atividades, dizer "muito obrigado", fazer pequenas tarefas domésticas quando percebe que precisam ser feitas e tantas outras atitudes, é só usar a criatividade e passar a observar mais as pessoas e do que elas gostam ou não gostam.

3. Criar com a sua família ou com a sua turma, na sala de aula, no grupo de catequese etc. o compromisso de deixar de fazer o que não agrada ao outro e começar ou insistir naquilo de que as pessoas gostam, que as agrada. Isso porque as pequenas coisas significam muito, demonstram carinho, são atitudes que mostram quanto somos importantes para o outro.

4. Transformar a hora do jantar ou uma outra refeição, aquela em que a família possa estar reunida, em uma das principais prioridades da família é uma decisão sábia. Será um horário de comer com mais calma, compartilhar o dia, nutrindo a família física, emocional e espiritualmente.

5. Reservar um horário semanal ou mensal em que a família possa cantar junto, jogar, discutir assuntos importantes, ler algo interessante, assistir a um filme etc. Ou fora de casa: um passeio, boliche, dançar e outras atividades. Aos poucos, esses momentos se tornam não só entretenimento, mas entendimento, comunicação e estabilidade familiar.

6. Convide seus filhos para participar de decisões importantes. Fazê-los pensar, avaliar situações vai levá-los a se sentir inseridos na família.

7. Atribua tarefas a eles, promovendo a responsabilidade. Ensine, treine, ajude, ame, encoraje e corrija quando necessário, mas não faça para eles, se foi definido que seria sua tarefa. Elogie quando o trabalho está bem feito.

8. Faça programas com seu parceiro, sua parceira. Os filhos devem saber que vocês se amam e precisam de um tempo a sós.

oito

atividade corporal, relaxamento e vivência

As atividades a seguir são planejadas para uma ação interdisciplinar, provocando a construção interna pelo educando e pelos educadores (pois todos aprendemos juntos) de novos conceitos ligados aos valores humanos para modificar a conduta humana. Por isso devem ser atividades prazerosas, que levem à reflexão, à análise do próprio comportamento e à tomada de consciência e de atitude. Todas as pessoas no âmbito da educação — escola, família, comunidade e outros grupos — deverão compartilhar comportamentos de cooperação, diálogo, pensar juntos, respeito mútuo para que tenham autonomia genuína e crescimento juntos. Não vale falarmos e não viver o que falamos.

A seguir, apresentaremos oito sessões que são exemplos de atividade corporal, relaxamento e vivência. Usaremos também atividades de diálogo, reflexão, atividades com jornais, recortes, internet, vídeos, registros de sensações e emoções, assim como atividades de música, dança, teatro, sociodrama, biodança, bioenergética, relaxadança e contação de histórias.

Poderão ser usadas por pais e professores, com o objetivo de integrar o ser criança. As sessões poderão ser usadas todas durante um tempo, por exemplo uma sessão por semana, no formato de um curso. Poderá ser usada uma ou outra esporadicamente. Essas escolhas ficam a critério do adulto, que sentirá a necessidade do grupo.

Para o trabalho que será proposto, é necessário levar em conta algumas recomendações:

O ambiente deve ser acolhedor, de preferência com carpete, para que se possa deitar. Podem ser usados colchonetes, incenso, se agradar ao olfato, pois o odor transmite uma vibração suave. Pode-se usar também luz de vela ou luz colorida azul ou verde e uma música muito suave.

O professor ou a pessoa que dirige o grupo de crianças ou adolescentes deverá estar em equilíbrio. O equilíbrio será conseguido por meio da meditação e do relaxamento. Isso vai determinar a atmosfera da aula, não apenas para aquele que dirige o grupo, pois não devemos esquecer que as crianças e os adolescentes reagem às vibrações das pessoas que estão com eles.

Pedir às crianças e aos adolescentes que tirem os sapatos quando entrarem no círculo formado pelo grupo. Assim, a atmosfera se torna mais descontraída. A disposição circular é recomendada para unir a energia do grupo e concentrá-la e para que todos se vejam. É importante manter a espontaneidade, para evitar a rigidez e favorecer a criatividade. É bom que de vez em quando as crianças escolham ou conduzam alguma sessão, desde que já conheçam as atividades, usando de equilíbrio entre a forma e o ritmo.

Para poder participar mais ativamente, recomenda-se que o dirigente memorize as atividades. A voz dele deve ser suave, tranquila e relaxante. Que nenhuma distração seja permitida durante o período de relaxamento, para haver disciplina e maior crescimento e progresso do grupo. As crianças serão avisadas de que se atrapalharem serão retiradas do grupo, para o bem-estar deste. Poderão voltar quando dispostas. Elas vão se sentar de modo que uma não toque na outra. Devem sentar-se mantendo as costas eretas, como se fossem bonecos que estão sendo puxados para cima por um cordão preso no alto de suas cabeças. Com as pernas soltas. Os participantes deverão ficar com costas e o pescoço eretos e as mãos sobre os joelhos, com as palmas das mãos voltadas para cima, para receber a energia cósmica também pelas mãos. Se a criança achar muito incômodo ficar sentada nessa posição, poderá deitar-se silenciosamente de costas no solo; assim não perturbará as outras e poderá continuar a meditação ou relaxamento nessa posição.

Depois de cada sessão, o dirigente deverá fazer uma análise do que foi realizado durante a sessão, com o grupo e depois consigo mesmo.

Poderá perguntar a si mesmo:

- Eu estava calmo e concentrado antes de as crianças e os adolescentes chegarem à sala?
- Fui bem-sucedido ao fazê-los exteriorizar o que sentiam na realidade? Como poderia melhorar isso e quais as mudanças que farei da próxima vez?
- Estamos conseguindo silêncio, para que ninguém perturbe a aula? Se não, o que poderíamos fazer?
- Preparei bem os projetos ou a energia se dispersou?
- Houve uma boa atmosfera, uma boa vibração em todo o grupo?
- A concentração desenvolvida durante o relaxamento foi corretamente dirigida para as atividades?
- Posso apresentar incentivos para ajudá-los a se aprofundar mais?
- Estamos ganhando um sentimento íntimo, familiar com essas sessões? Se não, como poderei fazer isso acontecer?

A avaliação deverá ser também do grupo, a cada sessão, por meio da observação das formas de reação de cada participante, como construção de novos conceitos e comportamentos em diferentes situações cotidianas, como o uso do vocabulário, gentilezas, autovalorização e outros. E ouvir também os participantes.

Neste trabalho, cada participante poderá criar o livro do seu mundo. O livro da vida. Então, todo material usado será feito com muito carinho. Ou será a semente que germina. No fim das oito sessões, reunirão tudo numa só pasta, com uma capa bem bonita. Ou numa forma de Carinho Quente.

Na última sessão, esse trabalho poderá ser oferecido aos pais, se quiserem. De forma simbólica, o participante do curso se entrega aos pais para que estes possam cuidar com amor. Como Sara Pain observa a seguir, penso que todo e qualquer lugar é espaço de crescimento e transformação, seja no semáforo com a criança de rua, seja na empresa junto com os profissionais, todo e qualquer lugar é lugar e momento de amar as pessoas e aprender com elas, assim como de ensinar.

> Se entendermos a educação como um processo dinâmico, reflexivo e contínuo, toda contribuição e troca efetuada só poderão fazer da escola um espaço de crescimento e transformação[1].

1 Sara PAIN. Disponível em: <http://www.lasalle.edu.br/upload/convivencia_lssj.ppt #257,2,Slide11>. Acesso em: 15 de maio de 2012.

nove
primeira sessão

apresentação

Chamar cada participante e colocar nele seu crachá.

Antes de receber o crachá, o participante se apresentará (dizendo nome, nome dos pais, nome dos irmãos, o que mais gosta de fazer, qual sua qualidade que acha mais importante).

Pegará o crachá e receberá palmas dos colegas. (Explicar a importância de ser aplaudido, a importância do seu próprio nome, como primeiro presente a receber, quando do nascimento.)

história

(Deve-se usar uma música bem suave, de preferência que invoque o campo, a natureza; pode ser "Aves brasileiras", no disco de Johan Dalgas Frisch, Copacabana Discos.)

Vou contar para vocês uma linda história. Vamos participar juntos dela.

> O cheiro forte de terra comprimia o corpo da semente. No começo, o vento a lançara sobre o solo, quando tinha ela algum movimento, mas depois o mesmo vento, cumprindo sua missão, viera rodopiando, até cobrir a semente de areia. Aos poucos ela foi conseguindo respirar, até se acostumar com aquele aprisionamento. Uma angústia enorme invadia toda a insignificância do seu ser, porque a terra, sempre escura, não contava nada do que se passava do lado de fora. A semente tinha saudades do sol e dos cantos dos pássaros; entretanto, acalmava-se e tentava compreender que aquele mistério fazia parte necessariamente de sua transformação.
>
> Não podia falar porque a terra quente, abafando tudo, transformava suas palavras em silêncio.

Até que um dia uma absoluta calma substituiu seus pequenos frêmitos. Foi despertada por um grande ruído. Sentiu o baque da chuva sobre o solo e o cheiro gostoso do chão que estava sendo molhado.

A alma da sementinha despertou porque as gotas se aproximavam cada vez mais. Até que suas costas foram arrepiadas pela frialdade do líquido e uma voz clara falou:

— Ei, menininha! Agora você pode libertar-se, agora você pode perfurar a terra e alcançar a liberdade. (**Para alcançar a liberdade, temos de perfurar muitas terras: medo, comodismo, preconceitos, tabus.**)

Com muito custo, ela abriu os olhos de semente e gaguejou:

— Boa noite, senhora!

A chuva riu:

— Não é noite, não, menininha. É dia!...

— Como podia saber, se aqui sempre é tão escuro?

A chuva riu:

— Que é isso, meu bem? Você está tremendo toda!

— Ah!, Dona Chuva, estou com tanto medo de nascer... (**Muitas vezes temos medo das experiências novas.**)

— Bobagem... Vamos, eu ajudo! (**Precisamos de ajuda, precisamos buscar no outro o que é importante para o nosso crescimento.**)

Sua angústia renasceu e sua voz saiu meio trêmula:

— Mas eu não sei por onde nascer...

Os dedos de Dona Chuva apalparam suas costas e pararam em determinado ponto.

— Deve ser aqui. A casca está bem fininha, vou amolecer mais e você fará também um esforço...

Não disse mais nada. Foi contendo a respiração. Mais e mais. E ainda mais. Sentia que ia estourar. Devia estar quase roxa de tanto esforço. Alguma coisa se lhe abalava por dentro, deviam ser os bracinhos de folha.

A chuva disse novamente:

— Tente de novo.

Forçou o ar de dentro e uma grande dor a estremeceu. Parecia que se rachava a casca, de alto a baixo. A ponta de um de seus braços projetou-se para fora.

— Ai! Que dor!... Ui! Que frio!

A chuva riu grosso:

— É assim mesmo. Agora o outro bracinho.

Foi puxando o outro braço da folha, e dessa vez já não sentia doer tanto. E mesmo a vida fora da casca assemelhava-se a uma nova aventura; sentiu então uma curiosa sensação. O contato de seu corpinho fraco, miudinho, com a terra úmida enchia-lhe a vida de um novo encanto. A chuva bocejou:

— Viu, minha filha? Não é assim tão difícil nascer.

— Mas dói um pouco...

— Se para nascer não doesse, a vida não teria preço. Agora trate de caminhar. Você precisa sair, andar, perfurar a distância que existe até o outro lado. (**Precisamos perfurar distâncias: entre mim e o outro, entre o mundo e mim mesmo.**)

Dona Chuva estava com a razão; quando conseguiu deixar surgir sua cabecinha do lado de fora, seus olhos se fecharam de tontura. Talvez fosse pelo esforço de uma noite inteira retirando areia, grandes grãos e, por vezes, uma crosta ressecada. Levantou os braços para restabelecer-se. Nesse momento, diversas gargalhadas estouraram. (**Rir com as crianças.**)

Seus olhos, então, foram percorrendo mais calmamente as árvores grandes e copadas. E como eram lindas! As folhas brilhavam à luz, apresentando um verde claro e sadio. Bem que Dona Chuva dissera que acharia a vida exuberante e bela. Tudo era festa de verde, e um verde renovado e diferente. Como semente, nunca pudera antes olhar as cores direito, porque a membrana que a protegia nunca o permitira. (**É preciso nos livrar da membrana que embaça a nossa visão. É como se vivêssemos numa bolha, só enxergando o nosso pequeno mundo, sem nos envolver com o mundo do outro.**)

Agora enxergava os cipós marrons ligando as árvores enquanto se entrelaçavam formando grandes correntes retorcidas. Parasitas rubras erguendo os pescoços arroxeados, cada uma de suas pétalas guardando uma gota de chuva reclinada.

O jatobá, então, possuído de maior carinho, ainda uma vez, com a sua voz que engrossara com os séculos, acalentou-a com ternura:

— Você é uma criancinha linda e delicada... Faz muito tempo que pedíamos ao vento que trouxesse uma semente para cá. Você vê que somos todas velhas árvores, e a vida sem crianças se torna triste e feia.

Parou porque acabava de descobrir que os olhinhos de canjeranabranca se fechavam devagar. O sono tornava distantes as palavras do velho jatobá. Seus olhos foram diminuindo, diminuindo, e só avistava ao longe, com muita dificuldade, o céu muito azul, sem uma nuvem branca e vadia passando. Contudo, ainda conseguia ver uma porção de garças brancas em passagens rápidas, substituindo as nuvens que àquela hora ali não estavam[1].

1 José Mauro de VASCONCELOS, in VILAS-BOAS 1994, p. 50-53.

Ao contar a história, o dirigente pedirá às crianças que imitem o vento, a chuva, os cipós, os pássaros etc. No decorrer da história, a criança vai sendo orientada a identificar e experienciar atitudes e sentimentos da sementinha e das árvores, do vento e da chuva (com músicas apropriadas ou com as próprias crianças fazendo os sons respectivos). A seguir algumas situações a ser expressas pelas crianças, como: "comprimida e angustiada" (semente), imaginar e expressar o canto dos pássaros e o calor do sol. Grande ruído, estremecer, trovejar. Cheiro de terra molhada (pedir para aspirar o cheiro e outros cheiros). Arrepio de frio (pela água), choro da chuva, tremor (braços, pernas, corpo encolhendo), a voz (respiração sonora).

Há necessidade de ajuda dos adultos para nascer, muitas vezes para novas experiências, mas são imprescindíveis o esforço e o querer da criança: "Mas não sei por onde nascer...". O barulho de rachar da casca: Rá! Com respiração sonora. Lançando as folhas, abrindo vagarosamente os braços, levantando a cabeça, ainda com respiração sonora e sensação de frio. Vivenciar: "sair, andar, perfurar a distância...". Derrubar barreiras (bailado com música movimentada.), cochilar. "Você vai achar a vida linda, sempre depois que chove..." (vivenciar mentalmente, ainda em atitude de cochilo); gargalhadas das árvores; olhos assustados; exercícios com os olhos. O Jatobá agita a copa (exercícios com os braços, ombros, pescoço); enquanto observa, fazer imagem mental; membrana que atrapalha a visão: os preconceitos e tabus que nos dificultam encontrar a beleza do mundo e das pessoas; uso dos sentidos: visão (cores) e olfação (perfume do ambiente); enfatizar: "A vida sem crianças é triste e feia" (valorização).

orientando as crianças

Muito bem, você também era uma semente no coração do papai e da mamãe. Hoje você é fruto desse amor. Mais especificamente, agora estamos plantando uma nova semente; aliás, estamos colaborando para que a semente que existe em cada um de nós nasça. É a semente da alegria, da tranquilidade, do carinho. Você vai plantar esta semente em você hoje, agora. Você vai imaginar um nome muito bonito para ela. Será o nome do seu livro da vida. O nome do seu tesouro interior, que é você, o seu grande eu, a sua integridade. Imagine essa semente brotando em você em forma de alegria. Vamos lá, observando a sua respiração: respire fundo; solte o ar bem devagar; inspire contando devagar até cinco. Retenha o ar até cinco. Expire devagar contando até cinco. Repita isso cinco vezes. Ao inspirar, inspire alegria, inspire paz. Veja mentalmente a palavra *paz* na sua testa. Repita o mantra ao expirar (explicar): IRCH (três vezes); OMMM (três vezes); LAM, VAM, HAM, YAM, RAM (três vezes).

Discutir a experiência. Deixar que falem do que sentiram. Eles devem se deitar ou sentar-se na posição ensinada anteriormente. Usar o relaxamento do livro *Relaxamento com crianças*[2]. Usar música suave; por exemplo "Kitaro" (Geffen Records).

observação

A música para a dança final poderá ser "Sementes do amanhã", de Erasmo Carlos (Polygram Discos). É importante que as crianças tomem um rápido lanche juntas, pois o alimento em comum traz intimidade e comunhão.

Você poderá também, se quiser, usar o relaxamento em que a criança, com sua imaginação e sua fantasia, possa criar o seu "cantinho", o seu mundo interior: feche suavemente os olhos. Respire profundamente. Solte o ar devagar. Outra vez, bem devagar. Respire mais uma vez. Agora você, que tudo pode, vai montar

2 Magda VILAS-BOAS, *Relaxamento com crianças*, São Paulo, Loyola, 1987, p. 30.

em um raio de luz e sair voando. Pode ser um raio bem luminoso de Sol. Vá fazendo piruetas pelo céu. Circunde as nuvens. Passeie com elas. Visite as estrelas. Escolha um lugar bem gostoso para você ficar, seja onde for. Pode ser numa floresta, num rio, debaixo do mar, numa galáxia, numa estrela. Você é livre. Onde quiser. Muito bem! Agora você vai criar o seu "cantinho". Esse lugar escolhido vai ser ornamentado por você. Decore como você quiser, com cachoeiras, lagos, fontes, flores. Nuvens. Sol ou sóis. Animais. Como você quiser. Só uma coisa é necessária: que fique bem lindo, do jeito que você gosta e você merece. Porque este é o seu "cantinho". Coloque alegria, energia positiva, paz, carinho quente, ternura: tudo o que você é. Agora, coloque todas as pessoas de que você mais gosta ou a pessoa que você quer muito: o seu amigo. Convide Jesus, seu grande amigo também. Observe bem tudo o que está aí no seu canto. Este é o seu mundo interior, a sua grande fonte: *você*. Cada vez que quiser ficar à vontade, relaxado, ou à noite ao dormir, é só respirar fundo e ir para o "cantinho", e assim estará feliz. Agora, monte no seu raio de Sol e volte para esta sala. Anote suas emoções e seus sentimentos.

Sentar-se em círculo: cada um lê para o grupo o que anotou na primeira sessão. Se quiserem explicar ou falar o que estão sentindo ao ler, deve deixar que falem. Receber palmas do grupo.

depois

Muito bem! Somos uma semente, estamos crescendo. Já viram uma árvore crescendo? Se nela crescem os galhos e tronco rapidamente e não crescem as raízes, o que acontece? A árvore cai. Nós também somos assim: temos de desenvolver as dimensões todas: corpo, emoção, intelecto, transcendência. O nosso corpo é a nossa raiz; temos de ter segurança para crescer. As raízes têm de estar bem firmes no solo. Isso é equilíbrio. Vamos começar com alguns exercícios que nos colocam em contato com nós mesmos, para sermos donos das nossas vidas, dos nossos pensamentos, das nossas atitudes, para sabermos o que estamos fazendo e por que fazemos. Passaremos a fazer alguns exercícios que nos colocam na nossa realidade. Imaginemos que estamos numa floresta. Lá encontraremos muitos animais e os imitaremos. Antes de passarmos aos exercícios, vocês deverão entender o objetivo deles. Observem: tudo aquilo que nós reprimimos fica no corpo. Se tenho raiva, ela fica reprimida, contida no corpo, e se não for extravasada ficará impregnada na musculatura e fará mal. Muitas vezes estamos com vontade de chorar, mas não podemos. Outras vezes, queremos gritar, mas o local ou as circunstâncias não nos permitem. Não é isso? Então, esses exercícios vão ajudar a desbloquear a musculatura. Assim, a nossa mente vai se libertando da dependência, do negativismo. Músculos tensos, mente obscura. Músculos relaxados, mente clara e homem feliz.

primeiro exercício

RÁ!

Com pulos, o macaco bravo foi pego e está enjaulado. Como será que ele reage? (Descarregar pelos pés, pelos braços e pela garganta.) Usar uma música com ritmo, tal como "O meu avô" (*A Turma do Balão Mágico*, Discos CBS). Cair com o pé todo no chão, não apenas a ponta do pé. Manter o eixo que vai do alto da cabeça até o final da coluna. Ao mesmo tempo em que recolher e soltar os braços com força, inspire profundamente e solte ao cair no chão. Soltar o ar com forte grito de RÁ! Não olhar nem para baixo, nem para cima. Olhar para a frente, na linha do horizonte[3].

3 Instruções para treinamento individual foram cedidas por Vitor Hugo de Carvalho, responsável pelo Cenpre (Centro Paulista de Reaprendizado Existencial), e adaptadas pela autora para a vivência infantil.

Ao cair, soltar todo o corpo (mais ou menos vinte vezes, ou até que se cansem). Relaxar, andar pela sala, respirando e soltando o ar sonoramente.

segundo exercício

O macaco está com raiva

Pode-se utilizar a música "Doce mel" (*Karaokê da Xuxa*, Globo Discos) ou outra de sua escolha. Descarregar a musculatura do pescoço e dos ombros, expandindo a raiva canalizada. Dar socos para a frente, com as mãos fechadas, alternadamente. Ao soltar o soco, abrir as mãos. Gritar RÁ! (mais ou menos vinte vezes). Andar relaxando, respirando sonoramente.

terceiro exercício

Aparece o tigre nesta nossa jornada

Pode-se usar a música "O caderno", de Chico Buarque (Barclay Discos), ou outra. De pé, pés juntos e paralelos. Dobre os joelhos e abaixe, imaginando que está andando debaixo de um andaime e sua cabeça está rente a uma tábua, de modo que você não pode esticar os joelhos, pois bateria na tábua do andaime. Mantenha o pescoço, o alto das costas e os ombros relaxados durante todo o tempo. Neste estado a sua energia está embaixo, trazendo equilíbrio físico. Comece a andar como se você fosse o tigre. Bem devagar, dê um passo para a frente com a perna direita, sem completá-lo: seu peso se concentrará todo na perna de trás; sua perna direita se adiantará, sem peso, e você tocará suavemente o chão com o calcanhar. Você pode sentir dificuldade para equilibrar-se; portanto, nesta operação, antes de adiantar a perna direita passe o peso lentamente para a perna esquerda. Quando sentir que passou cem por cento do peso é que você adiantará a perna direita. Agora, complete o primeiro passo. Bem devagar, vá passando o peso para a perna direita, sem erguer-se. Quando tiver feito isso, você estará se sustentando na perna direita. Agora vá levantando o calcanhar da perna esquerda até tirar todo o pé, levá-lo para a frente, tocar o chão com o calcanhar, assentar o pé, transferir o peso e assim por diante. Lembre-se de relaxar os ombros, o alto das costas, o pescoço e a nuca. Não projete a cabeça para a frente; continue no seu eixo, na linha reta. Procure olhar sempre em frente. Não olhe para o chão. O ser humano caminha para a frente e não para baixo. Enraizado você tem mais equilíbrio, então não estique os joelhos. Respire profundamente e solte bem devagar. É a sua respiração cada vez mais prolongada que o faz relaxar e renovar a vida. Assim você desenvolve seu equilíbrio físico, psíquico. Para deslocar-se no espaço físico, como no espaço da sua existência, você precisa de equilíbrio. Por isso é necessário transformar-se para transformar sua vida. Se tiver medo de desequilibrar-se, cair ou machucar-se e por isso ficar parado, não conseguirá transformar-se. Mas sei que você é capaz. Vai conseguir. Que maravilha! Somos donos das nossas vidas, por isso podemos transformá-las magicamente. (Fazer por três ou quatro minutos; depois, respiração sonora.)

quarto exercício

Acontece que nesta floresta existem índios

Usar alguma música de bangue-bangue ou então que sugira movimentos indígenas. Em círculo, de mãos dadas. Movimentando-se para a direita, batendo com força o pé direito no chão e levando os braços para o centro do círculo. Ao bater o pé e levar os braços para o centro, soltar a respiração com sonoridade. Depois de umas quatro voltas, fazer com o pé esquerdo, girando para o lado esquerdo. Respiração sonora. Esse exercício pode ser trabalhado com a palavra ASSISSITARU, em vez de respiração sonora. Ou COFFEE SHOP (essas palavras foram aprendidas no Instituto Self, em São Paulo, com João Vanin). Ou ainda uma cantoria que aprendi com índios: Ô MAMADOÔ! OI, IÉIÉ PÉDÉ MOIÉ!!! (= estamos juntos sempre).

quinto exercício

Nesta floresta existe um chimpanzé muito engraçado

Pôr a música "Chimp... Chimp... Chimpanzé" (*Turminha Patati Patatá*, Emi-Odeon) ou outra. Vamos imitá-lo? Soltar os braços, joelhos destrancados, pés bem plantados no chão, pescoço solto. Ao andar, imitando o chimpanzé, movimentar os músculos faciais, sorrir, chorar, bravo, alegre; movimentar os olhos, abri-los e fechá-los. Movimentar o rosto como quiser, soltar os sons que quiser. Respiração sonora, com caretas; abrir bem a boca, mostrar a língua. Fazer de conta que quer atacar e soltar sons guturais.

sexto exercício

Buscar o que é meu

Mas nesta floresta estou passeando e vou buscar o que é meu. Todos nós nesta vida temos o nosso espaço, a nossa família, a nossa alegria, a nossa responsabilidade, as nossas necessidades, o nosso carinho, a nossa liberdade, o nosso amor. Muitas vezes é preciso ir buscar o que queremos, não dá para ficar esperando que os outros façam isso para nós.

Em círculo. Cada um vai puxar com as duas mãos, alternadamente, do centro do círculo, como se estivesse puxando uma corda, com bastante força. É o cipó da floresta. É o que precisamos puxar, buscar, para conseguir saborear os frutos silvestres. Puxar umas dez vezes. Respirar e andar pela sala tranquilamente. Pode-se fazer a respiração sonora.

Existe uma variação deste exercício: em círculo, sentados. Uma vela acesa no centro. Ao som de uma música muito suave. Com as duas mãos, abrir os braços e trazer para o peito a energia do fogo, que é calor, que é força, que é vida. Depois, cada um vai abrir os braços e levar aos outros o que tem de bom. Enquanto isso, repetir a respiração sonora: "Aumm".

sétimo exercício

É preciso estar bem equilibrado

Música bem suave. Para conseguir o fruto silvestre, não basta que eu puxe o cipó. É preciso estar bem equilibrado, senão quando o cipó se soltar poderei cair. Em círculo, em pé, massageando os pés no chão, um de cada vez. Pressioná-los no chão. Calcanhar, dedos, parte por parte, bem devagar, sentindo os contatos. Se quiser, poderá utilizar também uma bolinha de tênis. Passar diretamente para o oitavo exercício, com a mesma música.

oitavo exercício

Massagem nos pés

Sentados no chão. Massagear os pés com as mãos. Girar dez vezes cada dedo na direção horária. Depois, voltar massageando na direção contrária. Massagear toda a sola do pé com os dedos polegares das mãos. Massagear com as mãos fechadas, dando murros. Explicar para a criança que nos pés estão todos os pontos dos meridianos que atingem todos os órgãos.

nono exercício

Os animais vivem na natureza

Música: "Aves brasileiras", de Joabn Dalgas Frisch (Copacabana Discos) ou outra. Pedir às crianças que sintam a música. Vamos, como os animais, respirar o ar puro. Vamos imitá-los porque nós também somos natureza. (Pedir que imitem vários animais: vaca, cachorro, gato, onça etc.) Devagar, vamos sentindo em nós esta música. Imagine que ela vai penetrando no nosso cérebro, através dos ouvidos, e que estamos deitados na sombra das árvores da floresta. Deite-se bem devagar e solte as pernas e os braços; posicione comodamente o pescoço, feche suavemente os olhos. Procure imaginar o Sol nascendo e penetrando por entre os galhos das árvores. Ouça os pássaros alegres com esse acontecimento. Sinta o frescor, aspire o oxigênio (Continuar com a mesma música.) Seguir o relaxamento explicado no Livro *Relaxamento com crianças*[4]. Você pode também utilizar alguns exercícios do livro *Descobrindo crianças*, de Violet Oaklander (Sumus Editorial). Sorria. Espreguice-se. Abra os olhos. Pegue o lápis e a folha de sulfite e escreva os seus sentimentos durante o exercício, ou faça um desenho. Compartilhe com os colegas as transformações que tenham acontecido. Ouça o que seus colegas dizem, troquem ideias.

Lanche.

Avaliação do instrutor.

4 Magda VILAS-BOAS, op. cit., p. 45.

dez

segunda sessão

primeiro exercício

De onde vem a nossa energia?

Manter as crianças discutindo entre si. Discutir a meditação, o relaxamento como meio de estimulação de nossa Fonte Interior, Deus em nós, para receber um suprimento de energia renovada daquela Fonte.

Nós fazemos isso cada vez que respiramos, cada vez que nosso coração bate; agora, vamos fazê-lo conscientemente, com todo o nosso Ser, por meio da meditação, do relaxamento.

segundo exercício

Mandar a energia

Todos nós levantamos e permanecemos numa posição em que não nos toquemos. Vamos primeiro mandar energia, por meio da imaginação, para os nossos braços, tensionando-os, e depois relaxando-os. Façamos o mesmo com as nossas pernas, e depois com todo o nosso corpo. Vamos fazer o mesmo com o nosso corpo novamente; porém, dessa vez, nós inspiramos a energia enquanto tensionamos o corpo, de maneira que ele vibre com a energia; depois nós expiramos, liberando essa energia e relaxando. Novamente vamos inspirar, tensionar e vibrar nossos corpos exatamente como uma corda de violão vibra quando nós lhe acrescentamos energia puxando-a com os dedos.

Expirando e relaxando, enquanto liberamos a energia dos nossos músculos. Isso feito, vamos sentar novamente em círculo, com as pernas cruzadas; ninguém deve se tocar ou falar. É preciso manter bem ereta a coluna, para que a energia da Fonte Interior possa fluir sempre para cima e para baixo e para o nosso cérebro. Vamos colocar as mãos sobre os joelhos com as palmas voltadas para cima para que a energia passa fluir através das mãos.

Agora feche os olhos e ouça, com bastante atenção, a sua aspiração e sua expiração, que vão se acalmando. Volte toda a atenção ao seu coração e ouça-o batendo dentro de você.

Agora, inspire pelo nariz, mantendo a boca fechada enquanto eu conto até cinco.

Então, expire bem lentamente pelo nariz (contar de 1 a 5). Repita cinco vezes. Agora, mantendo os olhos fechados, concentre-se no ponto situado entre as duas sobrancelhas. Esse ponto é o seu olho interior, uma das portas para o Centro de seu ser, a Fonte de onde vem seu conhecimento.

Agora, concentrando-se nesse ponto, coloque nesse local tudo que você sentir ou pensar e veja se consegue sentir uma paz profunda, mais profunda do que a que você sente quando dorme à noite. Permaneça em silêncio, sem se mexer.

Agora, lentamente, retorne da Fonte, de volta para o seu coração e, bem devagar, suavemente, abra os olhos.

terceiro exercício

Compartilhar com o grupo

O que você sentiu durante a visita à sua Fonte Interior? (É importante que cada criança compartilhe a sua experiência.). O que você viu? (Aceitar qualquer depoimento, mesmo que seja fantasia. As fantasias são o primeiro passo para a realidade. Discutir os efeitos que o relaxamento proporciona. Discutir os propósitos e os objetivos do relaxamento.) Faça um desenho (Pode-se usar giz de cera, lápis de cor, tinta de pintura a dedo ou outros meios.)

quarto exercício

Exercício de concentração

Escolher uma música bem suave e baixa. Concentração em quadros com gráficos de energia (mandala).

Sentados, visualizar cores, luzes girando, pétalas movendo-se para a direita e para a esquerda. Observar quanto tempo a maioria consegue observar sem tirar os olhos.

quinto exercício

Chama da vela

Concentrar na chama de uma vela o máximo possível de tempo, até desviar a atenção. Observar o fogo, seu movimento, sua cor, a fumaça. Este exercício pode ser feito também com incenso, uma flor e uma xícara de chá. Sala meio escura, música bem suave. Ir anotando sentimentos que forem surgindo.

observação

Estes exercícios colaboram muito para que o participante vá adquirindo concentração, atenção focada e tranquilidade.

sexto exercício

Atividade silenciosa

Explicar antes o que vai acontecer, para que os participantes não façam perguntas no momento do trabalho silencioso. Trabalho com argila. Silenciosamente, tentando captar ao máximo o ritmo e a harmonia da música, pegue um pouco de argila e vá manipulando-a. Monte a forma que você quiser, experiencie o barro em suas mãos. Faça uma escultura do que vier à sua cabeça agora. (Este trabalho pode ser feito com outros materiais, como revistas velhas, cola, sulfite, palitos, caixas vazias, tecidos, tampas etc. Pode-se usar também desenho e pintura.) Pedir à criança que, ao fazer o trabalho, sinta a energia, observe como essa energia funciona nela; assim, poderá sentir a energia dentro dela, movendo-se da Fonte Interior para suas mãos.

Este trabalho pode ser feito também da seguinte forma: manipulando uma parte da argila com a mão direita, a outra com a mão esquerda, ou uma parte de olhos fechados, outra parte com olhos abertos, quando o participante terá dado uma forma à argila; é sua criação. Ele deve elaborar uma história inspirando-se em sua criação. Também pode ser que todo o grupo participe de uma criação única; basta que cada criança acrescente o seu pedaço de argila ao trabalho; depois, todos elaborarão uma história que tenha a ver com esse trabalho. Escrever o que sentiram ao manipular e ao falar sobre sua criação. Apresentar ilustração com músculos e nervos do corpo humano. Deixar que explorem o desenho.

Encerramento com um texto de relaxamento à sua escolha, ou este abaixo. Usar uma música suave.

Imagine que você é uma abelhinha. A abelhinha-você vai voar livre para uma grande viagem. Vai viajar pelo seu corpo. Esta viagem começa no aeroporto, que é o dedão do seu pé. Vá mentalmente, como abelha, observando os seus pés. Veja bem os dedos, a sola, o calcanhar, o dorso. Sinta a textura da pele. Agora, uma observação interna. Os ossos, os músculos, cada articulação dos artelhos, vasos sanguíneos irrigando seus pés. A abelhinha-você vai subindo pelas pernas e observando os pelos, os poros, a pele. Suba no joelho. Penetre a pele, observe os músculos, os ossos, a circulação, os nervos. Veja a rótula e como a perna se flexiona. Suba pelas coxas. Observe a parte externa. Depois a interna. Suba pelo maior osso do seu corpo, o fêmur. Agora viaje pelo abdome. Vá andando, observe o tipo de pele, perceba que é uma cavidade. Observe o umbigo. Penetre, observe o intestino fino, o intestino grosso, o fígado, o pâncreas, o baço, o estômago. Observe o sangue irrigando todos esses órgãos, que estão funcionando perfeitamente. Observe o plexo solar, logo abaixo do umbigo. Aí reside um foco de energia. Veja essa energia se espalhar por toda a cavidade do abdome. Vá para os braços, mãos, dedos. Observe externa e internamente. Muito bem, vá agora para o tórax, sinta sua pele, sua respiração levantando e abaixando o tórax. Penetre. Veja os pulmões inflando e murchando pela entrada e saída do ar. Veja o coração bombeando sangue por todo o seu corpo.

Agora, vá para o seu rosto. Observe seus olhos, seu nariz, sua boca, sua cabeça, seus cabelos. Penetre. Observe seu cérebro, observe sua fonte interior. Nessa fonte você encontra a memória, a concentração, o amor fluindo, toda a energia se espalhando para o seu corpo. Agora, abelhinha-você, vá voando até um lugar bem bonito, à sua escolha, onde exista um sol muito brilhante, um céu muito claro, um vento refrescante. Pense nesse lugar. Nele existe um poço. Esse poço é a Grande Fonte. Mergulhe um balde dentro desse poço e traga-o cheio de energia. Está transbordando! Agora, derrame esse balde de energia por todo o seu corpo. Esse corpo por onde você passeou. Vá derramando vagarosamente, em cada parte do seu corpo.

Calmamente, procure imaginar que o seu corpo está leve, solto. Devagar, comece a se espreguiçar. Mexa os dedos dos pés e das mãos, ombros, pescoço. Abra os olhos com suavidade. Se quiser, conte para o colega ao lado como foi sua experiência.

(Em lugar deste texto, poderá ser utilizado o texto da página 47 do livro *Relaxamento com crianças*[1].)

1 Magda VILAS-BOAS, *Relaxamento com crianças*, São Paulo, Loyola, 1987, p. 47.

onze

terceira sessão

primeiro exercício

Busca do outro

Ler o que escreveu na sessão anterior. Falar o que gostaria neste momento. Mostrar como está se sentindo. Usar incenso, se quiser e se gostar.

Tirar os sapatos. Sentar-se em círculo, na posição para o relaxamento. Feche os olhos e acompanhe seus pensamentos (um minuto). Conscientize-se de como você se sente; não como você pensa que se sente ou como você gostaria de se sentir. Agora, transfira a atenção para os seus pés, sem movê-los de modo algum; torne-se consciente do chão onde repousam (quinze a vinte segundos). Procure sentir e não pensar ou imaginar. Vá sentindo seu pés, cada um de seus dedos (sem movê-los), o dorso dos seus pés, tornozelos, barriga das pernas, joelhos, coxas, nádegas, o colchonete que sustenta o seu "bumbum".

Sinta seu estômago, seu peito, suas costas, seus ombros, seus braços, seus cotovelos, seus antebraços, seus pulsos, suas mãos, cada um de seus dedos, seu pescoço, seus lábios, suas faces, seu nariz, seus olhos, seu rosto, sua testa, o topo da cabeça, a parte posterior da cabeça: todo o seu corpo. Sinta sua respiração, os sons de fora; bem lentamente, abra os olhos. Procure observar bem demoradamente o ambiente, as paredes, o teto. Vá deslizando o seu olhar pelos objetos existentes. Observe o formato, as cores de cada objeto. Observe os colegas, seus membros, pés, braços, rosto. Observe o cabelo, as sobrancelhas, os olhos, a boca de seus colegas. Fixe seu olhar nos olhos de alguém. De qualquer um. Sorria para ele. Diga-lhe que ele é seu amigo, que você gosta dele.

segundo exercício

Dança

(Com a música: "We are the world", ou outra que sirva aos propósitos do exercício.) Dança individual, abrindo o peito e os braços para o outro. Pés afastados um do outro, alinhados com os ombros. Os joelhos não serão esticados nem dobrados. Olhos fechados, testa relaxada, boca entreaberta, corpo relaxado. Girar os ombros para trás lenta e continuamente, sem esforço, no ritmo da música. Evitar pensamentos, fixar a atenção apenas no movimento e na sensação corporal. Se sobrevier alguma emoção ou sensação gostosa, sinta-a e deixe seu rosto expressar o prazer do movimento. Não deixar o resto do corpo preso, morto. O movimento dos ombros "ressoa" no corpo. Os movimentos devem ser feitos com o tronco dobrado.

No ritmo da música, bem devagar, vá andando pela sala, encontrando cada colega de curso e dando-lhe um abraço carinhoso. E o seu presente: você mesmo.

(Música: "Sementes do amanhã", de Erasmo Carlos.)

Deixar que dancem: individualmente, em duplas, ou em círculo de mãos dadas. Deixar o corpo fluir.

Deitados para o relaxamento

Feche os olhos suavemente.

Respire profundamente e solte o ar suavemente, pensando no pássaro que canta longe, longe... Respire outra vez pensando na saúde. Repita vagarosamente: saúde, saúde. Respire outra vez. Repita na sua mente: paz, paz, paz. Sinta-se cheio de paz, de alegria. Envolva-se no universo de felicidade. Agora pense num presente, num grande presente. Num presente muito caro, muito bonito, muito importante para você. Agora pense em si mesmo. Você é assim como esse presente. Você é o presente que Deus deu ao mundo. Você é o presente vivo. É a alegria do seu lar. Você é muito amado, querido pelos seus pais, irmãos, professores, colegas. Você é um grande presente para o mundo. Sorria, seja feliz, encha o mudo de amor. Você é capaz disso. Você veio para ensinar as pessoas a serem boas, humildes, simples e coerentes. Olhe para você mesmo e observe como você é maravilhoso. Você é fantástico, internamente e externamente. Como você é lindo!

Você, que é criança, adolescente, é muito importante para todos os adultos. Todos os adultos precisam de você para viver com lealdade e alegria. Nessa alegria constante que você carrega, Deus se faz presente.

Você é a esperança do mundo. Na esperança que se espelha em seus olhos, nos seus gestos e no seu sorriso, Deus ama o mundo. Jesus nos pede que sejamos como vocês, desinteressados, alegres, tranquilos. Mas, se você é um presente, você tem de se oferecer aos outros o mais bonito que puder. Você não dá um presente com embrulho sujo ou malfeito. Você não dá um presente estragado ou quebrado. Assim também, você se dá às pessoas muito bonito. É importante que continue lindo, assim como Deus o fez. Deus só faz maravilhas. Por isso, esteja maravilhoso ao se apresentar diante de seus pais, irmãos, coleguinhas, professores. E você é capaz de se embelezar sempre mais com o seu carinho, a sua tranquilidade, a sua alegria, as suas boas maneiras. A beleza das atitudes demonstra a beleza que vai no coração. Podemos usar palavras para demonstrar o nosso carinho pelas pessoas: "Bom dia" (bem cheio de alegria), "Com licença", "Por favor", "Desculpe". Essas são palavras que nos embelezam. Ajudar o outro, escutar o que ele tem para dizer, ser cordial e compreensivo são atitudes que nos fazem sentir belos. E somos belos porque o carinho infantil, o seu carinho, criança, enche o mundo de paz. Agora, agradeça a Deus por você ser criança e por você ser tão importante, tão alegre e tão feliz.

Vou contar até cinco. Quando eu disser "cinco", você vai abrir os olhos.

Um. Alegria!

Dois. Paz!

Três. Amor!

Quatro. Alegria!

Cinco! Abra os olhos e sinta-se bem relaxado, bem à vontade[1].

terceiro exercício

Despertando o corpo

Vamos despertar mais o nosso corpo, com música, nos movimentando, e depois nos sacudir. Palmadinhas nas pernas, com as duas mãos, em pé. Sustentando-se sobre a perna direita, movimente os dedos do pé esquerdo (gaste de dez a quinze segundos nesta e em cada uma das áreas seguintes). Estenda essa dança ao pé esquerdo, esticando e retraindo o pé. Explore todas as possibilidades de movimento do seu tornozelo esquerdo. Em seguida, movimente a barriga da perna. Deixe que o movimento atinja seu joelho e sua coxa, girando e virando de todos os modos. Eventualmente, inclua a pelve. Depois, sacuda toda a sua perna esquerda, levando-a a vibrar vigorosamente da pelve ao dedo do pé. Lentamente, deixe que o movimento decresça. Ponha sua perna outra vez no chão. Feche os olhos e sinta sua perna direita. Depois trabalhe a outra perna.

quarto exercício

Sacudir o braço

Palmadas no braço. Execute uma dança, mexendo os dedos da sua mão esquerda (gaste de dez a quinze segundos nesta e em cada uma das áreas seguintes). Agora, leve essa dança à sua mão esquerda, fechando-a e abrindo-a. Explore as possibilidades de mo-

1 Este e vários dos exercícios seguintes foram retirados e adaptados dos livros: Deborah ROZMAN, *Meditando com crianças*, São Paulo, Brasiliense, 1979; Bernard GUNTHER, *Sensibilidade e relaxamento*, São Paulo, Brasiliense, 1974.

vimento no seu punho esquerdo, torcendo-o em todas as direções. Agora faça girar seu antebraço. Estenda o movimento ao cotovelo. Em seguida, deixe o movimento atingir seu braço, girando-o e virando-o de todos os modos. Então, faça com o ombro todos os movimentos possíveis. Finalmente, levante seu braço na altura do ombro e sacuda-o vigorosamente. Lentamente, deixe que o movimento diminua. Seu braço vai para baixo; feche os olhos e sinta seu braço. Compare-o com o outro braço.

quinto exercício

Tocar com as palmas das mãos

Palmadas no rosto. Deite de costas, com as mãos para baixo, ao longo do corpo. Feche os olhos e experiencie como eles se sentem. Agora, lentamente, levante suas mãos até o rosto, de modo que as palmas descansem sobre seus olhos. Os pulsos descansam sobre suas faces, seus dedos sobre sua testa. Mantenha as mãos imóveis nesta posição durante trinta segundos. Lentamente, erga-as e coloque-as ao lado do corpo. Experiencie os resultados desse primeiro toque. Então, devagar, leve suas mãos aos olhos outra vez. Desta vez os pulsos descansam sobre as órbitas. Não faça pressão contra o globo ocular. As palmas de suas mãos descansam sobre sua testa, os dedos sobre o início do couro cabeludo. Fique assim durante trinta segundos. Lentamente, tire as mãos e experiencie os efeitos deste toque. Deixe passar vinte ou trinta segundos entre cada toque. Agora, calmamente, leve as pontas do indicador e do médio para cima até que repousem suavemente sobre suas pálpebras. Não faça pressão. Retire lentamente suas mãos e afaste-as para o lado. Experiencie como seus olhos se sentem, depois os abra e olhe ao seu redor. Mantenha os braços elevados. Palmeie e sacuda o braço. De pé, feche os olhos e experiencie seus braços. Depois de vinte segundos separe lentamente seus dedos, com uma tensão suave e uniforme. Mantenha os cotovelos retos e a tensão em suas mãos, enquanto levanta, devagar e suavemente, os dois braços à altura dos ombros. Gaste de quinze a vinte segundos para elevá-los. Permita que seus braços permaneçam elevados de dez a quinze segundos. Então, lentamente, concentrando-se nas pontas dos dedos e experienciando o movimento, abaixe ambos os braços para os lados do corpo. Durante quinze ou vinte segundos, sinta os resultados. Repita essa operação duas ou três vezes. Deitado, levante o braço. Palmeie, sacuda o braço. Deite-se no chão com os braços ao longo do corpo. Feche os olhos e sinta seus braços. Depois de trinta segundos, lentamente, estenda seus dedos tão amplamente quanto possível. Conserve os dedos estendidos e os braços esticados. Devagar e suavemente levante-os, paralelos um ao outro, até que formem ângulos retos com seus ombros. Deixe que seus braços fiquem assim durante dez ou quinze segundos. Agora, lentamente, concentrando-se nas pontas de seus dedos, abaixe seus braços para os lados do corpo; demore-se de quinze a vinte segundos nesse movimento. Deixe bastante tempo para experienciar os resultados. Repita o movimento duas ou três vezes.

Estique o corpo e espreguice.

doze

quarta sessão

primeiro exercício

Valores em comunhão

O dirigente deve preparar a atividade com antecedência. Você encontra no Anexo A deste livro o exemplo de um número grande de palavras. Escreva-as numa cartolina, recorte-as e coloque-as numa caixa.

No grupo, passar a caixa e pedir que peguem uma ou mais palavras, aleatoriamente. Depois, pedir que traduzam as palavra em ações. Ou em mímica, ou em desenho, ou em recorte e colagem. Depois disso, distribuir os participantes em grupos de três a cinco elementos. Cada grupo vai criar uma situação em que todos se insiram. Após isso, criar um plenário onde cada grupo possa se expor. O dirigente fecha fazendo uma preleção para mostrar a importância de trabalhar em grupo, uma vez que somos partes de um *hólos*, um todo, somos criaturas de Deus.

segundo exercício

Expressão e liberação

Incline seus ombros levemente para a frente. Deixe que seus olhos se abram tanto quanto possível. Abra bem sua boca e estique sua língua para fora, tanto quanto puder. Não se iniba, seja feroz! Retese e endureça músculos e tendões do pescoço. Mantenha essa posição de quinze segundos. Se quiser pode soltar sons, como o leão. Tão lentamente quanto possível, deixe que os músculos de seu rosto e seu pescoço voltem ao normal. Repita isso de duas a três vezes.

Este exercício aumenta a circulação no rosto, ajuda a prevenir e eliminar rugas.

terceiro exercício

Tocar a dois

Tamborilar na cabeça. Fique de pé atrás de seu companheiro, que fechará os olhos. Dobre seus dedos nas falanges. Comece a tamborilar suavemente o topo da cabeça de seu companheiro. O tamborilar é lento e salteado, não muito pesado, não muito frouxo, feito com ambas as mãos simultaneamente. A distância é de pouco mais de um centímetro. Fique quinze segundos em cada área. Tamborile em toda a parte posterior da cabeça, em volta das orelhas, nos lados da cabeça.

Agora, tamborile sua testa. Percorra toda a área suave e rapidamente. Devagar, deixe que o tamborilar diminua. Afaste-se. Dê ao seu companheiro de trinta a quarenta e cinco segundos para sentir os efeitos. Dê a volta e olhe o rosto do seu companheiro. Dê-lhe um abraço. Troque de lugar com ele.

quarto exercício

Toque na cabeça

Palmear; tamborilar a cabeça. Coloque as mãos delicadamente sobre a parte posterior e a anterior da cabeça. A mão que está na frente fica sobre a testa; a que esta atrás, no ponto diretamente oposto a ela. Ambas as mãos sempre tocam e se afastam simultaneamente. Tenha o cuidado de afastar a mão lentamente. Cada toque dura cerca de quarenta e cinco segundos, com trinta segundos entre os toques. Agora coloque as duas mãos delicadamente sobre os lados da cabeça acima das orelhas. Não movimente as mãos nem faça pressões extras. Retire as mãos sem movimentos bruscos. Em seguida, coloque as mãos delicadamente sobre as partes posterior e anterior da cabeça. A mão que está na frente cobre as sobrancelhas, com a parte inferior da palma tocando a ponta do nariz. A mão de trás cobre a metade inferior da parte posterior da cabeça e a metade superior da nuca. Retire as mãos lentamente e deixe que seu parceiro sinta os efeitos. Troquem de posição.

quinto exercício

Palmadas nos ombros

Coloque-se atrás de seu parceiro e olhe os seus ombros enquanto ele fecha os olhos. Conceda-lhe trinta segundos para ajeitar-se, pedindo-lhe que não dobre o pescoço. Palmeie toda a região, desde o início dos ombros, na borda do pescoço, descendo até a ponta dos dedos. Há muita vitalidade nessas palmadas, e o vigor com que devem ser dadas depende da musculatura de seu parceiro. Seja delicado ao usar a parte posterior dos pulsos e das mãos, que podem ferir. Palmeie a região das mãos e dos braços três vezes. Trabalhe os ombros. Dirija-se às omoplatas. Bata delicadamente sobre toda a região e afaste-se. Dê ao seu parceiro trinta segundos para sentir os efeitos. Troque de lugar.

sexto exercício

Exercício de relaxamento

Deitado com almofadas. Usar música que dê a ideia de se estar boiando. Uma criança fica deitada, outra ajoelhada à altura da sua cabeça, outra nos pés, outra num braço, outra no outro. Ao som da música, ir movimentando lentamente os membros do companheiro. São movimentos descoordenados, como se o colega estivesse entregue às ondas do mar, boiando, bem relaxado. O participante que recebe esse relaxamento deve se entregar, não querer ajudar. Deve deixar acontecer. Quando parar a música, bem lentamente, os que estiverem nos braços e na cabeça irão levantando o companheiro. E o que estiver nos pés receberá o colega com um abraço bem carinhoso.

sétimo exercício

Lavar as mãos

Agora vamos todos lavar as mãos. Ao lavar as mãos, feche os olhos. Lave lentamente, ensaboe bem. Observe mentalmente a espuma do sabonete, sinta a água caindo em suas mãos. Enxágue e sinta sua pele. Abra os olhos. Enxugue as mãos e experiencie como elas se sentem. Esfregue suas mãos com óleo ou creme umectante. Massageie-as bem e sinta como estão. Passe suas mãos no rosto, feche os olhos e sinta-as.

treze

quinta sessão

primeiro exercício

Um passeio sensorial

Explicar antes como será o passeio. Não estragar plantas, mas colher apenas uma para o livro da vida.

Faça um passeio a pé, num quarteirão conhecido, num jardim, numa praça, num parque ou em algum lugar novo, especial. Durante três minutos, perceba os cheiros ao seu redor. Durante três minutos, toque tudo o que puder no seu caminho. Nos três minutos seguintes, veja tudo à sua volta como se fosse pela primeira vez. Agora, sente-se e feche os olhos. Dedique mais três minutos ao paladar; por exemplo, coma uma maçã, mastigue-a bem e perceba o seu sabor, a textura do alimento e como ele vai se transformando na sua boca. Aprecie atentamente qualquer coisa que se lhe apresente. Procure deixar que as sensações se fundam e se mesclem numa experiência total.

segundo exercício

Dança com as palmas

Palmadas nos braços e ombros. Música suave. Coloque-se na frente do seu parceiro, os cotovelos elevados; vocês se tocarão pelas palmas das mãos. As palmas são mantidas juntas durante toda a experiência e os olhos ficam fechados. Com as palmas juntas, executem um diálogo-dança. Primeiramente um parceiro conduz, depois o outro, até que tudo aconteça naturalmente. Agora, transmita algo pela sua dança palmar. Empenhem-se pouco a pouco e sejam delicados um com o outro. Agora, executem uma alegre dança brejeira. Dancem mais depressa ou diminuam o ritmo; deixem que a dança se expanda (estendam a amplitude do movimento). Parem lentamente com a dança. Permaneçam com as palmas unidas e os olhos fechados. Depois de trinta segundos, um dos parceiros dá um grande passo para trás (um pé) e solta-se com os ombros para a frente, deixando que o outro suporte seu peso. Depois de trinta segundos, troquem de posição. Depois de outros trinta segundos, ambos dão um grande passo para trás e suportam-se mutuamente durante trinta segundos. Mantendo-se nesta posição, abram os olhos e olhem um para o outro. Depois de trinta segundos fechem os olhos. Lentamente endireitem-se, separem-se e experienciem como se sentem. Discuta a experiência com seu parceiro. Escreva numa folha como você sentiu essa experiência.

terceiro exercício

Palmear e descobrir o rosto

Palmeie e acaricie o rosto do seu parceiro, que não deve ser o mesmo da atividade anterior. Afaste-se e deixe-o assimilar os efeitos. Feche os olhos e, com as mãos, explore, tente conhecer o rosto do seu parceiro. Depois de três minutos abra os olhos e continue a exploração com os olhos abertos. Depois de mais três minutos, faça uns toques finais muito suaves e afaste-se. Seu parceiro mantém os olhos fechados, sentindo os efeitos da experiencia. Olhe-o no rosto para ver como ele mudou. O parceiro abre os olhos. Depois de alguns minutos, troquem de papel. Depois que ambos executaram isso, fechem os olhos e rocem o rosto um do outro.

Variação: Percorra o rosto de seu parceiro com uma flor.

quarto exercício

Mão a mão

Ande pelo meio dos seus companheiros sacudindo as mãos direitas. Em certo ponto, pare e segure a mão direita de alguém; então a toque, explore-a com os olhos fechados. Depois de dois minutos, segurando as mãos, abra os olhos e olhe seu parceiro. Agora, movam-se sacudindo as mãos esquerdas. Parem, tomem a mão esquerda de alguém e com os olhos fechados procurem conhecer essa mão. Em seguida, cada um testará a força e depois a ternura na mão esquerda do outro. Depois de um minuto, ainda segurando as mãos, abram os olhos e olhem-se uns aos outros. Depois, andem pela sala sacudindo as mãos de cada pessoa. Num intervalo de trinta segundos, sacudam as mãos: a. zangadas; b. rápidas; c. felizes; d. deprimidas; e. como se você estivesse namorando, enamorado.

Então pare, tome duas mãos, e com os olhos fechados procure conhecê-las. Depois de dois minutos, transmita algo: empenhe-se, seja engraçado, seja gentil, faça uma dança com essas duas mãos. Depois de cinco minutos, ainda segurando as mãos, abra os olhos. Veja quem é seu parceiro.

quinto exercício

Passando um círculo

Um membro do grupo coloca-se no centro de um círculo fechado. Todo o grupo dá-lhe palmadas nas costas. Depois, fecha os olhos, com os joelhos esticados e os pés juntos. Seu corpo inteiro deve estar razoavelmente firme (não rígido). Então, ele cai. Ele é pego e passado através do círculo em velocidades diferentes e em diferentes direções. Depois de ter sido "passada" por todos, a pessoa "recebida" é colocada no centro do círculo e envolvida por todos os membros do grupo. Depois de trinta segundos, o grupo lentamente se afasta, deixando-a de pé, sozinha, no meio.

sexto exercício

Arrastar-se para formar uma pilha

O grupo deita-se de bruços num grande círculo, as cabeças apontando para o centro. Com os olhos fechados, todos começam a arrastar-se para o centro. Algumas vezes, você pode tocar em outras pessoas, e pode mesmo arrastar-se sobre outra pessoa. É importante manter-se sensível e cuidadoso. Continue a se arrastar até atingir a pilha central. Não deixe que ela fique muito alta. Em diversos pontos do processo, pare e experiencie o que você está tocando, como você se sente. Quando a pilha estiver completa, ela parará na posição em que estiver. Abra os olhos. Olhem-se uns aos outros. Lentamente, desfaçam a pilha.

sétimo exercício

Mãos empilhadas

O grupo forma um círculo ombro a ombro. Uma pessoa estende a mão para o centro do círculo. A mão de outro membro do grupo coloca-se sobre a primeira. Isso será repetido até que todos estejam com as duas mãos no círculo. Depois que todas as mãos se juntarem na pilha, todos fecham os olhos. Tome consciência de suas sensações. A mão que estava sob todas as outras na pilha vai para cima, ficando sobre todas. O movimento se repetirá; a mão que estiver na base da pilha passará para o topo. A velocidade pode variar de rápida a vagarosa. Alguém pode borrifar óleo ou talco sobre as mãos à medida que elas se movem. Movam as mãos em outras direções, para fora, em círculos. Apertem as mãos. Explorem as várias formas possíveis de movimentos sem perder o contato com o centro da pilha. Por fim, deslizem lentamente as mãos para fora do círculo, todos juntos ou um por um. Experienciem suas próprias mãos. Abram os olhos e olhem para o grupo. O grupo fica junto, de pé, em círculo, os braços em volta dos ombros uns dos outros. E repetem o mantra: "Ommm".

Este canto-som divide-se em duas sílabas. Na primeira metade exala-se o som "Ôôô" como em ovo. Na segunda metade você faz o som "mmm". Juntos, os membros fazem uma inspiração profunda. Quando expiram o ar, juntos pronunciam a primeira sílaba (com sonoridade e sentimento). Na metade da expiração, mudam para a segunda sílaba. Não tentem prolongar a segunda sílaba. Quando terminarem a respiração, parem. Deixem um tempo de dez a vinte segundos entre os cantos. Estes poderão ser repetidos três, seis ou quantas vezes quiserem. Variações: as mulheres cantam primeiro e os homens respondem. Vários graus de contraponto podem ser criados.

catorze
sexta sessão

primeiro exercício

Grupos familiares

Será ideal que os pais participem dessa sessão, pois poderão depois brincar em casa com a família. O grupo dará pequenas palmadas carinhosas nas costas de cada participante. Formem grupos familiares. Um dos membros da família deita-se de bruços. Os outros o rodeiam, ajoelhando-se. Coloquem-se aos pares, em lados opostos. Todas as palmadas devem ser dadas aproximadamente em áreas na mesma altura nos lados opostos, pelas pessoas em frente uma da outra. Se há um número ímpar de pessoas, um membro do grupo pode colocar-se à cabeça ou aos pés. A pessoa, ao ser palmeada, nada faz a não ser receber a dádiva das mãos. Palmeiem todo o corpo: costas, braços nádegas, pés. Parem e permitam que ele absorva os efeitos. Isto pode ser seguido pela *imposição das mãos*.

segundo exercício

Imposição das mãos

Esperar trinta segundos depois do palmear das costas. O grupo coloca suas mãos simultaneamente sobre toda a parte posterior do corpo. O toque é suave, sem que se pressione o parceiro ou se descanse sobre ele. Essa aplicação pode durar de dez a sessenta segundos. O processo pode repetir-se duas ou três vezes, deixando, entre os toques, tempo para que o parceiro assimile os efeitos. No fim dos toques, deixe no parceiro tempo para que sinta os efeitos completos. Por fim, friccione as mãos para energizá-las. Projete a energia por todo o corpo, sem encostar as mãos. Haverá revezamento entre todos os membros da família até que o último tenha recebido o palmear e a energização.

terceiro exercício

Onde está a fonte

História adaptada de um original de Marval Lyrich.

Onde está sua Fonte?

Era uma vez um garotinho que desejava saber de onde tinha vindo antes de nascer. Ele perguntou à sua mãe, à sua avó e à sua bisavó, que era muito velha, mas nenhuma delas soube responder. Então ele perguntou ao seu pai, ao seu avô e ao seu bisavô, que era ainda mais velho que a sua bisavó, mas eles também não souberam. Então o garoto sentou-se sobre um degrau de pedra da sua casa e pensou sobre esse mistério durante muito tempo. Você sabe que um mistério é uma coisa que ninguém compreende. Bem, ele pensou e pensou e nada aconteceu; então, ele andou pela rua de pedra e olhou para o alto das casas e para o céu onde os pássaros voavam, mas continuava não sabendo de onde ele tinha vindo.

Finalmente, ele foi até à orla da cidade e andou pelo campo onde cresciam flores silvestres e onde ovelhas brancas e cabras castanhas comiam a grama e se deitavam para descansar. O garoto sentou-se embaixo de um carvalho e olhou para as nuvens flutuando lá no alto, no céu, e se lembrou de que algumas vezes, quando ele dizia suas preces à noite, ele tinha uma sensação macia e quente, como se tivesse por dentro um travesseiro de penas, e pensou que talvez isso significasse alguma coisa. Nesse momento ele ouviu uma pequena voz que parecia sair da grama próxima de seus pés. Ele olhou ao redor mas não havia ninguém. Então ele olhou para a árvore e não havia ninguém. De repente, a voz falou novamente. O garoto ouviu com atenção, quase sem respirar, e a voz disse:

— Eu estou dentro do seu coração. Por que você não me vê?

O garoto ficou com medo, mas também com uma satisfação emocionante, e respondeu corajosamente:

— Por que você se esconde no meu coração? Eu não posso ver você aí.

A voz disse:

— Mas como você não sente se eu o amo tanto?

O garoto levantou-se e respirou profundamente:

— Ninguém pode ver dentro de si mesmo — ele disse —, mas eu espero que amanhã você me explique isso.

A voz disse:

— Querido garoto, eu vou mostrar isso agora.

O garoto sentiu seus olhos indo para trás, penetrando profundamente no seu interior, e viu o sol e a lua e as estrelas, e, bem longe no céu, a Via Láctea. Apesar de ser dia, ele viu aquelas coisas todas e a voz disse:

— Eu sou todas essas coisas e eu sou você também. Olhe para elas e olhe para todas as pessoas que você ama, e você poderá me ver como eu o vejo.

Então o garoto voltou para a cidade e tomou a rua de pedra rumo à sua casa, sentindo-se como se estivesse andando no ar, muito leve, muito feliz. Ele disse à sua mãe sobre a voz no seu coração, bem como ao seu pai, ao seu avô, à sua avó, ao seu bisavô e à sua bisavó. Todos se sentaram ao redor da mesa grande na cozinha e conversaram sobre a voz e ficaram pensando nela. Naquela noite, todos foram dormir e sonharam com a voz. Ela gritou para todos eles:

— Vocês não sabem que eu amo a todos? Eu vivo aqui com vocês e os amo como eu amo todas as pessoas que eu criei. Sejam bons e amem o próximo como eu amo vocês, e assim todos saberão que vocês são meus filhos e me amarão também[1].

quarto exercício

Cerimônia do pão

Sentem-se em um círculo, ao redor de um pão redondo, intacto. Depois de sentar-se calmamente, olhem o pão, façam-no circular pelos membros do grupo. Permitam que cada pessoa sinta seu peso e seu aroma. Assim que o pão tiver passado de uma pessoa para a outra, olhem-se uns nos olhos dos outros. Cada pessoa, devagarinho (aproximadamente um centímetro de cada vez), parte o pão,

1 Deborah ROZMAN, op. cit., p. 141.

abrindo-o. O grupo observa. (Se quiserem e se o grupo for religioso, poderá pedir que deem a bênção/benzam o pão.)

As duas metades circulam pelo grupo: cada pessoa olha essa metade com o interior exposto e parte um pedacinho não maior do que lhe seja possível mastigar comodamente. Depois de haverem tirado um pedaço do pão, as pessoas fecham os olhos, põem o pão na boca e mastigam-no lentamente, não engolindo até que o pão tenha se liquefeito completamente. Depois disso, abram os olhos e olhem o grupo inteiro, levando seu olhar para cada pessoa em particular. Levantem-se devagarinho e abracem-se.

As crianças participantes do curso, dessas atividades, recebem uma lembrancinha do dirigente e recebem as palmas. Neste momento, elas entregam aos pais seus livros da vida, para que os pais possam cuidar com carinho de suas vidas.

Essa sessão pode também ser finalizada de outras formas, como por exemplo:

quinto exercício

Meditação de toda energia

Fique bem tranquilo e quieto. Sinta seus dedos dos pés. Agora sinta-os desaparecendo, tornando-se luz. Sinta seus pés. Sinta-os desaparecer na luz. Sinta que seus tornozelos vão desaparecendo na luz. E que suas pernas também vão desaparecendo na luz. Sinta que seus joelhos, suas coxas, seu quadril, seu estômago, seu tórax vão se tornando luz. Sinta seus braços e seus ombros desaparecendo na luz. O mesmo vai acontecendo com sua boca, seu nariz, que vão se dissolvendo na luz. A luz é tão intensa que parece que as partes vão desaparecendo. Sinta seus olhos, sua testa e o alto da cabeça desaparecendo na luz. Agora, sinta que toda a sua cabeça desaparece na luz. Você está mergulhado na luz. Você não vê mais seu corpo, ele mergulhou completamente na luz. Seu corpo está inundado de luz. Aprofunde-se no seu eu real, que está além do seu corpo. Sinta toda a energia que circunda o seu corpo e faz vibrar insistentemente todo o seu organismo, trazendo-lhe vida e saúde.

sexto exercício

Meditação da luz branca

Imagine uma cachoeira de luz branca acima de você e sinta-a caindo em cima de sua cabeça e escorrendo por todo o seu corpo. Sinta-a derramando-se sobre seu rosto, seu pescoço, seus braços, seu peito, seu coração... Sinta que a luz escorre por sua barriga, suas pernas e seus pés, até que seu corpo inteiro se torna parte da cachoeira de luz branca... Agora, veja essa luz branca girando no seu olho espiritual, que fica bem entre as sobrancelhas, dentro da sua cabeça; sinta que ela penetra na sua consciência, de forma que você se torna *uno* com ela.

sétimo exercício

A meditação do templo de luz

Vamos ficar bem quietos, com as costas retas, para construir um templo de luz. Imagine um raio de luz *dourada* saindo do seu coração e entrando no coração da pessoa que está ao seu lado esquerdo no círculo, e um outro raio que sai do seu coração e entra no coração da segunda pessoa à sua esquerda (e assim sucessivamente, até que todos estejam ligados entre si e o círculo se complete). Agora, ainda bem quieto, imagine um raio de luz que vai do seu olho espiritual (que fica entre as sobrancelhas) e vai até o olho espiritual da pessoa à sua esquerda. (Como acima, o processo se repete até que todos estejam com os olhos espirituais ligados entre si e o círculo se complete.) Agora, imagine um raio de luz *branca* que sai do alto de sua cabeça e vai até o alto da cabeça da pessoa à sua esquerda. (Como anteriormente, o processo se repete até que o círculo se complete e todos estejam unidos pelo alto da cabeça com raios de luz branca).

Uma vez que estamos todos unidos, sintamos que nosso Templo de Luz está construído e vamos enviar amor pelos raios que estendemos... Vamos, então, suavemente, cantar Ommmmm, e mandar Ommmmm através dos raios de luz que nós estendemos, primeiro pelos raios dourados que ligam nossos corações, depois pelos raios azuis de nossos olhos espirituais e, finalmente, pelos raios de luz branca que ligam o alto de nossas cabeças. Sintamos o amor, a paz, a felicidade que nós temos no nosso Templo de Luz. Agora, dentro de nós, vamos agradecer à Fonte Interior, ao nosso Deus maravilhoso que nos proporcionou essa experiência maravilhosa.

oitavo exercício

Mãos em cúpula

O grupo junta-se em um círculo. Fechem os olhos. Cada pessoa estende uma das mãos para o centro do círculo, ficando uma mão sobre a outra; faz-se o mesmo com a outra mão. Sintam todas as mãos no centro do círculo. Lenta e simultaneamente, elevem as mãos à altura do ombro. Mantenham-nas lá por alguns segundos. Lentamente, abaixem as mãos no nível da cintura. Desta vez, levantem todas as mãos acima da cabeça (ainda segurando-as). Abaixem-nas vagarosamente no nível da cintura. Por último, levantem os braços tanto quanto puderem acima de suas cabeças, em prece. Entrem em comunhão com o Universo, com sua Fonte Interior, com o seu "cantinho", encontrem o Deus de vida, de amor. Lentamente, deixem os braços abaixar-se ao longo do corpo. Experienciem como se sentem. Abram os olhos. Vejam-se uns aos outros.

Se quiserem poderão também, neste momento, utilizar o texto "Abençoando o mundo", do livro *Relaxamento com crianças*[2], p. 66.

2 Magda VILAS-BOAS, *Relaxamento com crianças*, São Paulo, Loyola, 1987, p. 66.

quinze

considerações finais

Caro leitor, estou muito contente por você ter percorrido o processo deste livro. Espero que faça bom proveito desses exercícios, utilizando-os para construir personalidades, para ensinar com sabor, para se tornar mais humano.

Você poderá criar outras estratégias a partir destas aqui apresentadas, porque o livro não termina aqui. É e se tornará, cada vez mais, um leque aberto de opções, porque sua realidade é feita de imaginação e fantasia infantil.

Como você verá, adiante neste livro, ofereço palestras gratuitas para escolas, comunidades, grupos de interesse nas questões da convivência.

Conte sempre com o apoio de quem tem o mesmo objetivo que você: tornar a criança e o adolescente em seres plenos. Conte comigo para um diálogo fraterno; contate-me falando das suas conquistas, das suas propostas, das suas dificuldades. Vamos dialogar bastante, porque o mundo precisa de mais luz, de mais pessoas soltando gargalhadas, de mais pipas esvoaçando no céu azulado, de mais verde, de mais cantos de pássaros em árvores frondosas, de mais riachos cantarolantes, de mais pés descalços pisando nas poças de enxurradas, de mais vaga-lumes luzidios nas noites negras, de mais PAZ, de mais HARMONIA, de mais ALEGRIA e de mais AMOR no CORAÇÃO DO HOMEM.

Magda

bibliografia

ALVES, Rubens. *Histórias de quem gosta de ensinar*. São Paulo, Cortez, 2000. (Polêmicas do nosso Tempo, n. 9)

ANDERSON, A. F., GORGULHO, G. *Parábolas*: a palavra que liberta. São Paulo, Paulus, 1989.

ANDERSON, Mary. *Cromoterapia*. São Paulo, Hemus, 1983.

ANSELMO, Frei. *Ajude seu filho a ser feliz*. Petrópolis, Vozes, 1984.

ARROYO, Miguel G. *Ofício de mestre*: imagens e autoimagens. Petrópolis, Vozes, 2000.

BETTELHEIM, B. *A psicanálise dos contos de fadas*. Rio de Janeiro, Paz e Terra, 1980.

BOFF, Leonardo. *Saber cuidar*: a ética do humano — Compaixão pela Terra. Petrópolis, Vozes, 1999.

BUBER, Martin. *Do diálogo e do dialógico*. São Paulo, Perspectiva, 2009.

BUSCÀGLIA, Leo. *Amor*. Rio de Janeiro, Record, 1972.

CAROTHERS, Merlin R. *Louvor que liberta*. São Paulo, Loyola, 1976.

CARR'S, Rachel. *Ioga para criança*. São Paulo, Martins Fontes, 1973.

CARVALHO. Vitor Hugo de. *O planeta das ilusões*. São Paulo, Cenpre, 1987.

CHATEAU, Jean. *Psicología de los juegos infantiles*. Buenos Aires, Kapeiusz, 1973.

COELHO, Paulo. *O alquimista*. Rio de Janeiro, Rocco, 1990.

COOK, Harold, DAVITZ, Joel. *Sessenta segundos para a expansão da mente*. Rio de Janeiro, Nova Fronteira, 1976.

CURY, Augusto. *O mestre inesquecível*. São Paulo, Academia de Inteligência, 2003.

FERREIRA, Pedrosa. *Ria conosco*. Porto, Salesianas, 1989.

GIKOVATE, Flávio. *Em busca da felicidade*. São Paulo, MG Editores Associados, 1982.

GORMAN, Louis. *O teste do desenho de família*. São Paulo, Mestre Jou, 1979.

GRUNSPUN, Haim. *Autoridade dos pais e educação de liberdade*. São Paulo, Almed, 1983.

GUNTHER, Bernard. *Sensibilidade e relaxamento*. São Paulo, Brasiliense, 1974.

HANH, Thich Nhât. *Para viver em paz*. Petrópolis, Vozes, 1976.

HARRIS, Thomas A. *Eu estou OK, você está OK*. Rio de Janeiro, Artenova, 1977.

HUXLEY, Aldous. *A ilha*. Rio de Janeiro, Globo, 1984.

ICETA, Manuel. *Deixar ser*. São Paulo, Paulinas, 1987.

JARES, Xesús R. *Pedagogia da convivência*. Trad. de Elisabete de Moraes Santana. São Paulo, Palas Athena, 2008.

KORCZAK, Janusz. *Quando eu voltar a ser criança*. São Paulo, Summus, 1981.

LAMEGO, Maria. *Cristalino*. São Paulo, Loyola, 1985.

LEBOYER, Frédérick. *Shantala*. São Paulo, Ground, 1976.

LOWEN, Alexander. *Medo da vida*. São Paulo, Summus, 1980.

LOWENFELD, Viktor. *A criança e sua arte*. São Paulo, Mestre Jou, 1954.

MATURANA, Humberto, VARELA, Francisco. *Autopoiesis and Cognition*: The Realization of the Living. Paperback. Boston Studies in the Philosophy of Science, 1991.

———. *A árvore do conhecimento*. Campinas, Editorial Psy, 1995.

MELLO, A. de. *Sadhana*. São Paulo, Paulinas, 1986.

MELLO, Anthony de. *O canto do pássaro*. São Paulo, Loyola, 1987.

MERRILL, A. Roger. *Questões fundamentais da vida*. Rio de Janeiro, Sextante, 2004.

MOHANA, João. *Amor e responsabilidade*. Rio de Janeiro, Agir, 1982.

MORIN, Edgar. *Os sete saberes necessários à educação do futuro*. 8. ed. São Paulo, Cortez, 2003.

———. *Educar na era planetária*: o pensamento complexo como método de aprendizagem pelo erro e incerteza humana. São Paulo/ Brasília, Cortez/UNESCO, 2003.

MONTEOLIVA, José Maria. *O diálogo*. São Paulo, Loyola, 1986.

MURPHY, Joseph. *O poder do subconsciente*. Rio de Janeiro, Record, 1963.

PEDRINI, Alírio, Pe. *Oração de amorização*. São Paulo, Loyola, 1980.

PHYLLIS, David York. *Amor-exigente*. São Paulo, Loyola, 1982.

PORTER, Eleanor H. *Pollyanna*. São Paulo, Companhia Editora Nacional, 1989.

POWEL, John. *O segredo do amor eterno*. Belo Horizonte, Crescer, 1987.

RANWEZ, Pierre. *Como falar de Deus a meu filho*. São Paulo, Loyola, 1982.

REDA, Marco Vinício. *Curso de meditação integrada*. São Paulo, Loyola, 1987.

RENDEL, Peter. *Os chacras*. São Paulo, Hemus, 1983.

RIZZINI, Irene et al. *Acolhendo crianças e adolescentes*: experiências de promoção do direito à convivência familiar e comunitária no Brasil. São Paulo, Cortez, 2006.

RODARI, Gianni. *Gramática da fantasia*. São Paulo, Summus, 1982.

ROZMAN, Deborah. *Meditando com crianças*. São Paulo, Brasiliense, 1979.

RUDIO, Franz Victor. *Orientação não diretiva*. Petrópolis, Vozes, 1979.

SCHULTZ, J. H. *O treinamento autógeno*. São Paulo, 1950.

STEIN, Freimut. *Os filhos precisam de pais inteligentes*. São Paulo, Paulinas, 1981.

TOMPAKOW, Roland, WEIL, Pierre. *O corpo fala*. Petrópolis, Vozes, 1987.

TREVISAN, Lauro. *O poder do jovem*. Santa Maria (RS), Livraria Ed. da Mente Santa Maria, 2003.

TULKU, Tarthang. *A expansão da mente*. São Paulo, Cultrix, 1978.

VILAS-BOAS, Magda. *Relaxamento com crianças*. São Paulo, Loyola, 1987.

———. *Crianciranda*: terapia corporal com crianças. São Paulo, Loyola, 1994.

VISCOTT, David. *A linguagem dos sentimentos*. São Paulo, Summus, 1976.

ZHUOU, Dahong. *A ginástica chinesa*. Rio de Janeiro, Record, 1979.

anexo a

AUTOESTIMA
SATISFAÇÃO
LIDERANÇA
AGRADECIMENTO
RETRIBUIÇÃO
LIBERTAÇÃO
SOCIALIZAÇÃO
COOPERAÇÃO
AMBIENTE
MUDANÇA
PUREZA
VERDADE
REALIDADE
CRIATIVIDADE
ALQUIMIA
MAGIA
ABRIR
SEGREDO
SAÚDE
COMPETÊNCIA
QUALIDADE DE VIDA
CORPO
MÚSICA
ABRAÇO
RESPEITO
PAZ
SIMPATIA
FAMÍLIA
PROFISSÃO
AJUDA
SORRISO
ALEGRIA
GRATIDÃO
AMOR
SOLIDARIEDADE

RITUAIS
RELAÇÕES
HIERARQUIA
GRATIDÃO
RESPIRAÇÃO
LIBERDADE
CONTRIBUIÇÃO
CIDADANIA
TRANSFORMAÇÃO
COOPERAÇÃO
TRANQUILIDADE
OUVINTE
CONGRATULAÇÃO
ASSOCIAÇÃO
FALAR
ÉTICA
MISTÉRIO
TERNURA
CONSCIÊNCIA
AUTOCONHECIMENTO
ARTE
DANÇA
ALIMENTO
AÇÃO CORRETA
SENSIBILIDADE
EMPATIA
PERSONALIDADE
TRABALHO
MITOS
CANTAR
PRESTEZA
SATISFAÇÃO
SERVIÇO
INGENUIDADE
PAZ

INCLUSIVIDADE

INOCÊNCIA

ABERTURA

SOLTURA

FLEXIBILIDADE

AÇÃO

PRAZER

ATENÇÃO

INTROSPECÇÃO

FANTASIA

TOLERÂNCIA

MÃOS VAZIAS

UTILIDADE

CRESCIMENTO

ASSUMIR

PESSOA

EXCELÊNCIA

PRODUZIR

COMPROMISSO

ESTALO

PRODUTIVIDADE

QUALIDADE

ATENDIMENTO

CORAÇÃO ABERTO

NÃO

ENTUSIASMO

COLORIDO

TOCAR

VIDA

MELODIA

SAÍDAS

GRATIDÃO

ILUMINAÇÃO

CALOR HUMANO

CAMINHAR

EQUIPE

AMIZADE

ESPAÇO INTERIOR

ABERTURA

MOVIMENTO

HUMOR

VOCAÇÃO

INTUIÇÃO

MATURIDADE

PACIÊNCIA

HUMILDADE

MAESTRIA

BRILHO

ELEGÂNCIA

ATITUDE

CRESCIMENTO

COMPROMETIMENTO

SAÚDE

SATISFAÇÃO

CAPACITAÇÃO

ESTRELA

DESENVOLVIMENTO

CLARIDADE

RESPOSTA

TATO

PRESENÇA

SIM

FESTA

MÚSICA

RITMO

SOM

SOLUÇÃO

ACEITAÇÃO

SORRISO

SONHO

QUERER	VISÃO
PENSAR	SABOR
LER	CONHECIMENTO
REPRESENTAR	ESCREVER
CAMINHADA	ESCUTA
ABRAÇOS	EXECUTAR
OLHAR	DANÇA
AUDIÇÃO	BALANÇA
ONDA	DIA
NOITE	MÃOS
BÊNÇÃOS	ROTEIRO
NUTRIÇÃO	AR
SEDE	CHORO
MULETAS	INDICAR
APONTAR	SEMENTE
COMUNICAÇÃO	VALOR
FÉ	AUTOAJUDA
REVELAÇÃO	ENVOLVIMENTO
COMPROMISSO	TAREFA
FAZER	MÃOS
MISSÃO	EU
O OUTRO	NÓS

anexo b

projeto de implantação de valores universais nas escolas de ensino infantil, fundamental e médio, por meio da transdisciplinaridade e da interdisciplinaridade: "INTERLAÇOS"

resumo

O presente projeto é a possibilidade de viabilização de consciência crítica e de mudança de comportamento por meio de inter e transdisciplinaridade. O projeto INTERLAÇOS está disponível para escolas de educação infantil, ensino fundamental e médio e nos três níveis de uma só vez, pois será desenvolvido com toda a comunidade educacional, abrangendo cada vez mais pessoas e instituições, pois atingirá alunos, professores, pais, funcionários da escola, de outras escolas, familiares, pessoas do bairro, da cidade, do estado, do país. As interações serão as mais diversificadas e profundas possíveis. Contribui para a formação de pessoas íntegras, livres de medos e de preconceitos, oportunizando assim a síntese cultural e valorativa de um país.

Palavras-chave: transdisciplinaridade, interdisciplinaridade, valores humanos, comportamento consciente, vivência.

Autora: Magda Vilas-Boas

sumário

1. contexto

O compromisso com a construção da cidadania pede necessariamente uma prática educacional voltada para a compreensão da realidade social e dos direitos e responsabilidades em relação à vida pessoal, coletiva e ambiental. Trazendo assim a prática do autoconhecimento, do respeito pelo outro, da transposição para a vida pessoal de valores morais, equilíbrio emocional, responsabilidade pela melhoria na qualidade de vida no planeta, relacionamento harmonioso com o espaço onde se vive e com as pessoas com quem se vive. A escola deve tornar-se um espaço real de aprendizagem onde todos são importantes e ninguém é esquecido nas suas dificuldades ou necessidades. A proposta deste projeto é voltada para a inclusão de uma metodologia para a evolução da essência humana (anseios, necessidades e motivações inerentes ao homem, à sua natureza), para o entrelaçamento entre as pessoas, dando-lhes a oportunidade de vivenciar a interdisciplinaridade e a transdisciplinaridade, numa visão da totalidade e da organicidade de que todo ser humano é feito.

2. dos valores humanos universais

A proposta aqui apresentada é viver valores universais através de uma atitude humana que provém do pensar, do sentir e do fazer. Amplia-se a atuação do educador em relação ao desenvolvimento daqueles que o acompanham não só na sala de aula, mas em qualquer ação educativa, como um ato de amor, presente em cada palavra, em cada gesto, em cada realização. Aponta um caminho compatível com as aspirações do novo milênio e considera o ser humano uma entidade que faz parte do processo cósmico e que participa ativamente da recriação da vida, da expansão da consciência, do aspecto transcendente da personalidade humana. Defende o conhecimento profundo do ser humano e o amor como base pedagógica e encara a busca de aperfeiçoamento de todas as faculdades, harmonizando-as e unificando-as. E se torna a mola propulsora da ação, como o fermento que fará crescer a fraternidade, a compaixão, a reverência e a cooperação como esteios da criação de uma nova sociedade.

Tendo em vista o trabalho liderado pelo mestre espiritual e educador Sri Sathya Sai Baba na Índia e posteriormente nos Estados Unidos e em dezenas de países, há mais de vinte anos, de valorização das virtudes inerentes à condição humana é que pensamos este projeto. Estes valores serão levados em conta: verdade, amor, paz, ação correta e não violência, expandidos nos seguintes tópicos:

2.1. **valor: ação correta**
(*valores relativos*: dever, ética, honradez, vida salutar, iniciativa, perseverança, responsabilidade, respeito, esforço, simplicidade, amabilidade, bondade, disciplina, limpeza, ordem, coragem, integridade, dignidade, serviço ao próximo, prudência).

2.2. **valor: amor**
(*valores relativos*: dedicação, amizade, generosidade, devoção, gratidão, caridade, perdão, compaixão, compreensão, simpatia, igualdade, alegria).

2.3. **valor: paz**
(*valores relativos*: silêncio interior, calma, contentamento, tranquilidade, paciência, autocontrole, autoestima, autoconfiança, autoaceitação, tolerância, concentração, desprendimento, desapego).

2.4. **valor: verdade**
(*valores relativos*: otimismo, discernimento, interesse pelo conhecimento, autoanálise, espírito de pesquisa, perspicácia, atenção, re-

flexão, sinceridade, honestidade, exatidão, coerência, imparcialidade, sentido de realidade, justiça, lealdade, liderança, humildade).

2.5. **valor: não violência**
(*valores relativos*: fraternidade, cooperação, concórdia, altruísmo, força interior, respeito à cidadania, patriotismo, responsabilidade cívica, solidariedade, respeito à natureza, respeito pela diversidade, uso adequado de tempo, energia do dinheiro, energia vital, energia do alimento, conhecimento).

3. justificativa do projeto

3.1. situação atual

O termo "inteligência emocional" diz respeito exatamente a este atributo que conecta emoção e razão e os coloca a serviço da descoberta de soluções construtivas para cada problema ou situação conflitante. Howard Gardner (*Estruturas da mente*), Daniel Goleman (*Inteligência emocional*) e Antonio Damásio (*O erro de Descartes*) salientam a importância do desenvolvimento dessas habilidades em todos os setores produtivos de nossa sociedade. A contribuição, portanto, é oferecer um projeto de educação comprometida com o desenvolvimento de capacidades que permitam intervir na realidade para transformá-la. A comunidade escolar atendida por este projeto será contemplada com uma série de treinamentos vivenciais com professores. Uma vez estes tendo introjetado os valores humanos, poderão repassar para as crianças e os adolescentes, tendo como recurso, entre outros, material pedagógico específico para aplicação imediata em sala de aula e fora dela (cartilha de estratégias oferecida pelo grupo executor e outros). Quanto mais cedo houver a transmissão de valores, maior retorno rápido e eficiente terá, em termos de comportamento e atitudes. Assim obteremos uma efetiva melhora no processo de ensino-aprendizagem de todos os alunos da educação básica, uma vez que o aluno, sapiente de si, de suas necessidades, cônscio de seus deveres, com autoestima fortificada, se empenhará mais no preparo de seu futuro, na comunhão com outros colegas de outras escolas, com a comunidade e outras instituições. Assim sendo, a proposta central do projeto INTERLAÇOS, por meio de conhecimentos como educação em valores humanos, inteligência emocional, inteligências múltiplas e de profundas vivências de partilha, consciência, cooperação e outras, aponta para a necessidade de "subsídios conceituais e técnicos" e de "insumos" de uma natureza diferenciada do que tem proposto até então a educação básica formal. Pois para esta proposta tornar-se significativa a escola deverá ser um espaço real de aprendizagem, onde todos são importantes e onde ninguém é esquecido nas suas dificuldades ou necessidades. A principal habilidade humana a ser desenvolvida é a da convivência e lidar com o diferente, que é fundada no cultivo de valores humanos fundamentais.

3.2. situação esperada

Projeto INTERLAÇOS, através do programa de educação em valores, disponibilizado para escolas, municípios, comunidade. Desenvolvimento das estratégias oferecidas na cartilha de autoria da executora, a ser trabalhada no projeto.

4. beneficiários do projeto

Os principais beneficiários do projeto são professores e alunos, além das famílias envolvidas e da comunidade em geral, todos abrangidos diretamente pelas ações.

5. estratégia de implementação

Os indicadores para avaliação são: diminuição da evasão escolar e da repetência; aumento do comportamento cooperativo e da motivação; iniciativa para realizar e propor tarefas éticas e solidárias; comportamento ético, expresso através do equilíbrio das relações interpessoais dentro e fora da escola; comportamento solidário, através de participação em grupos de estudo e serviços à sociedade, coordenados pelos alunos e supervisionados pelos professores; visão sistêmica de si mesmo, da escola, da sociedade e da vida, minimizando os efeitos da visão cartesiana, que retroalimenta incessantemente a exclusão.

6. objetivos

O projeto INTERLAÇOS tem o objetivo de integrar as ações de todas as pessoas envolvidas na escola, expandindo para toda a comunidade educacional e a sociedade em geral. Oferecendo, assim, subsídios conceituais e técnicos capazes de fomentar o desenvolvimento de habilidades, estimular o aproveitamento pleno das capacidades e talentos e a sua colocação a serviço da comunidade, exercendo liderança no cotidiano, responsabilidade pela definição dos rumos futuros de suas vidas, de sua comunidade e do planeta.

7. metodologia

A metodologia baseia-se na experiência profissional da executora/autora do projeto e também na criação de José Afonso intitulada "Processo de otimização", processo desenvolvido pela Fundação Getúlio Vargas para assessoria na eficácia e economia na gestão de empresas, aqui adaptado ao nosso projeto. No desenvolvimento do projeto serão cumpridas as seguintes etapas:

7.1. Engajamento da direção da escola com o grupo executor.

7.2. Definição de pessoa responsável pelo acompanhamento do programa junto ao grupo executor.

7.3. Diagnóstico situacional preliminar.

7.4. Seminário de implantação.

7.5. Planejamento: todas as demais etapas serão planejadas a partir do relatório conclusivo do seminário.

7.6. O método: o grupo deve inicialmente estabelecer sua missão e sua filosofia. Os objetivos só devem ser fixados após a etapa de aquisição de conhecimento.

De acordo com José Afonso (2003), o método deve seguir a fórmula:

$$(Ad + I) + Ob + (Cr + Sj) + V + F + D + Pi + Ii$$

Onde: **Ad** = aquisição de dados; **I** = interpretação de dados; **Ob** = determinação dos objetivos; **Cr** = produção criativa de soluções; **Sj** = seleção e julgamento; **V** = venda; **F** = verificação; **D** = decisão — momento em que a direção analisará e julgará o relatório a ser apresentado pelo grupo; **Pi** = planejamento da implantação e **Ii** = implantação/implementação.

8. técnicas utilizadas

Reuniões, seminários, confecção de material, dinâmicas, diagnóstico situacional.

9. fontes de dados

9.1. Bibliografias

9.2. Visitas a pessoas e a locais de interesse

9.3. Viagens para aquisição de informações e experiências já vivenciadas neste âmbito

10. resultados

resultado	indicadores de realização	meios de verificação
diretrizes para educação no projeto INTERLAÇOS	1 seminário realizado profissionais treinados	lista de presença programação e avaliação dos treinamentos material didático
implantação da educação no projeto INTERLAÇOS	escolas apoiadas tecnicamente reuniões semanais com o grupo de trabalho durante 12 meses	relatório das atividades relatório das ações realizadas conjuntamente listas de presença materiais didáticos avaliação de atividades
disseminação da proposta do projeto INTERLAÇOS	avaliação e padronização de procedimentos e instrumentos	número de material didático e distribuído relatório de atividades e da avaliação material didático
monitoria e avaliação do projeto INTERLAÇOS	escolas inseridas no projeto, monitoradas e avaliadas	relatório das atividades relatório das ações realizadas conjuntamente
corpo técnico e professores capacitados, na utilização da abordagem	escolas inseridas treinadas	listas de presença programação dos treinamentos material didático

11. recursos

11.1. consultores

serão disponibilizados dois consultores.

11.2. materiais e logística

serão detalhados quando da implantação do Projeto.

12. cronograma de execução

Será montado com cada escola que se dispuser a ser inserida no projeto.

atividades												
apresentação, revisões e aprovação do projeto												
atividades												
levantamento de experiências bem-sucedidas												
elaboração e distribuição de material didático												
implantação do projeto-piloto												
acompanhamento e assessoria												
avaliação final												

13. bibliografia

1. AFONSO, José. *A primeira lei*: eficácia e economia na gestão de empresas. São Paulo, Prentice Hall, 2003.

2. BALEEIRO, Maria Clarice et al. *Aprendendo a ser e a conviver*. São Paulo, FTD, 1999.

3. BRANDÃO, Carlos Rodrigues et al. *Criatividade e novas metodologias*. São Paulo, Peirópolis, 1998.

4. BUSETTI, Gemma Rocco. *Saúde e qualidade de vida*. São Paulo, Peirópolis, 1998.

5. CARDOSO, Clodoaldo Meneguello. *A canção da inteireza*: uma visão holística da educação. São Paulo, Sumus, 1995.

6. CRAXI, Antonio e Syvie. *Os valores humanos*: uma viagem do "eu" ao "nós". São Paulo, Meca, 1995.

7. DELORS, Jacques et al. *Educação, um tesouro a descobrir* — Relatório para a UNESCO da Comissão Internacional sobre Educação para o Século XXI. São Paulo, Cortez, 1997.

8. GUEVARA, Arnoldo José de Hoyos et al. *Conhecimento, cidadania e meio ambiente*. São Paulo, Peirópolis, 1998.

9. MARTINELLI, Marilu. *Aulas de transformação*: o programa de educação em valores humanos. São Paulo, Peirópolis, 1996.

10. ———. *Conversando sobre educação em valores humanos*. São Paulo, Peirópolis, 1999.

11. MIGLIORI, Regina et al. *Ética, valores humanos e transformação*. São Paulo, Peirópolis, 1998.

12. *Parâmetros curriculares nacionais*. Brasília, Ministério da Educação, 1999.

13. RUTH et al. *A educação biocêntrica*: a pedagogia do encontro. Educación Biocêntrica: Um movimiento de Educación dialógica. 3. ed. Fortaleza, CDH, 2004.

14. SOUZA, Carlos Henrique Medeiros. *Comunicação, educação e novas tecnologias*. Campos dos Goytacazes (RJ), FAFIC, 2003.

15. VILAS-BOAS, Magda. *Relaxamento com crianças*. São Paulo, Loyola, 1987.

16. ———. *Crianciranda, terapia corporal com crianças*. São Paulo, Loyola, 1994.

17. ———. *Resgatando a vida*: guia de apoio ao processo de cura. Uberaba, Vitória, 2002.

18. ——— et al. *Ultrapassando a fragmentação*: pedagogia da inteireza na educação de jovens e adultos. Uberaba (MG), Editora e Gráfica Cenecista Dr. José Ferreira, 2012.

anexo c

projeto para palestras e cursos
aprender a cuidar na convivência

Relacionamento, estar junto, conviver. Convivência significa viver com as pessoas, umas com as outras. Numa visão social, essa convivência está sustentada numa relação social com códigos de valores. Na perspectiva humana e religiosa, deixa de ser apenas obedecer a regras. A trajetória de vida de cada ser humano se torna uma obra, de forma a contribuir para tornar sua vida plena e a dos outros também, desenvolvendo a justiça e a solidariedade. É fundamental implantar sempre um mundo de convivência bem definido que possa superar o modelo educacional vigente, tornando os profissionais da educação e os pais agentes de libertação. É na família que se inicia o processo de socialização e onde se aprende os hábitos iniciais de convivência, a afetividade. Daí a importância de união de família e escola no afã de desenvolver essa pedagogia.

conteúdo

Conceitos de convivência e de ética

A família

O sistema educacional

Os meios de comunicação

Contextos político, econômico, cultural dominantes

Direitos humanos e convivência

Como desenvolver uma convivência pacífica:

- Respeito
- Diálogo
- Solidariedade
- Não violência
- Ternura

- Perdão
- Aceitação da diversidade
- Felicidade
- Esperança

Educação biocêntrica

Pedagogia Griô[1]

Educação em valores humanos

Uma proposta de pedagogia da convivência

estratégias

Serão utilizadas estratégias variadas, como apresentação teórica, dinâmicas grupais, movimentos de relaxadança, desafios e outras.

material necessário

Datashow, computador para uso dos programas MS Word, MS Windows Media Player e MS Power Point, com som. Material para anotações.

Sala com cadeiras móveis para trabalhos grupais e dinâmicas.

1 A Pedagogia Griô, criada por Líllian Pacheco, tem como referenciais teóricos e metodológicos a educação biocêntrica, de Ruth Cavalcante; a educação dialógica, de Paulo Freire; a educação para as relações étnico-raciais positivas, de Vanda Machado; a arte educação comunitária, de Carlos Petrovich; a educação que marca o corpo, de Fátima Freire; e é inspirada na pedagogia de todas as expressões culturais de tradição oral, principalmente de raízes afro-indígenas. PACHECO, Líllian. Pedagogia griô: a reinvenção da roda da vida. Lençóis, grãos de luz e Griô, 2006. Disponível em: <http://arteducacaoparaofuturo.blogspot.com.br/2010/03/pedagogia-grio.html>. Acesso em: 25 out. 2013.

público-alvo

Profissionais, professores, pais e pessoas interessadas no tema.

número de participantes

Quarenta para curso. Indefinido para palestra.

carga horária

Duas horas para palestra. Oito a dezesseis horas para curso.

data

A definir.

investimento

Cursos a negociar. Para palestra a autora faz como cortesia e para colaborar com a sociedade, na aquisição de valores fundamentais para a vida.

docente ministrante

Magda Lucia Vilas-Boas

apresentação

Formada em Letras pela Faculdade de Filosofia Santo Tomás de Aquino de Uberaba (MG). Pós-graduada em Psicologia Organizacional pela UNIFRAN — Franca (SP). Curso de mestrado em Comunicação e Semiótica pela PUC-SP. Curso de Coaching Express Condor Blanco pela AIPC, Associação Internacional dos Profissionais de Coaching.

habilidades para formação

- *Practitioner* em programação neurolinguística
- Relaxamento psicossomático
- Treinamento autógeno
- Terapias complementares
- Cursos, palestras, *workshops* e outros eventos
- Capacitação em Consultoria Empresarial
- Capacitação em Consultoria Educacional
- Professora de vários módulos de graduação e pós-graduação
- *Life coaching*, *executive coaching* e *talent coaching*

experiência

- Vinte anos de experiência
- Mais de 1.200 trabalhos realizados no país e fora do país

autora de várias obras

- *Relaxamento com crianças*. 15. ed. São Paulo, Loyola, 1987. Traduzido na Argentina com o título: *Ejercícios de relajación con niños*, pela Asociación Hijas de San Pablo, Buenos Aires, 1995.

- *Terceira idade*: uma experiência de amor. 6. ed. São Paulo, Paulinas, 1995.
- *Resgatando a vida*: guia de apoio ao processo de cura. Uberaba (MG), Ed. Vitória, 2003.
- *Crianciranda*: terapia corporal com crianças. São Paulo, Loyola, 1994.
- *Atraindo realizações*. CD inspirado no filme *O segredo*, 2008.
- *Um dedinho de Deus na Terra*: crônicas a um pai. Campinas (SP), Ed. Komedi, 2009.
- *Ultrapassando a fragmentação*: pedagogia da inteireza na educação de jovens e adultos. Uberaba (MG), Editora e Gráfica Cenecista Dr. José Ferreira, 2012.

currículo na plataforma lattes

http://lattes.cnpq.br/7756770179048738

contatos

www.magdavilasboas.com.br

(19) 3252-2661

(19) 9 9605-6363

contato@magdavilasboas.com.br

biografia

Magda Lucia Vilas-Boas

Curso de Mestrado em Comunicação e Semiótica pela PUC-SP, pós-graduação em Psicologia Organizacional pela UNIFRAN Franca

(SP). *Coach* pessoal, profissional e executivo. Professora de Língua e Literatura, especialista em terapia corporal, terapias complementares, *practitioner* em programação neurolinguística, com conhecimentos em biodança e em relaxamento e meditação para crianças e adultos. Tem feito um intenso trabalho, levando crianças, adolescentes e adultos maneiras simples e específicas para uma programação positiva e uma vivência dinâmica e verdadeira. Promove palestras, cursos e *workshops* para pais e professores, no intuito de esclarecer e oferecer estratégias para uma educação centrada na convivência, no relaxamento e na relação com os valores humanos, podendo, assim, transformar a aprendizagem em algo significativo, consistente e amoroso.

Ministra treinamentos e cursos em empresas, tratando do relacionamento no trabalho na busca da excelência pessoal e profissional, e aulas nos cursos de pós-graduação em algumas universidades, nas áreas de educação e psicologia organizacional, comunicação empresarial, semiótica empresarial.

Currículo lattes: <http://lattes.cnpq.br/7756770179048738>

É autora dos livros:

- *Relaxamento com crianças* (São Paulo, Loyola, 1987).
- *Terceira idade*: uma experiência de amor (São Paulo, Paulinas, 2001).
- *Crianciranda*: terapia corporal com crianças (São Paulo, Loyola, 1994).
- *Resgatando a vida*: guia de apoio ao processo de cura (Uberaba, Ed. Vitória, 2002).
- CD *Atraindo realizações* (2008).
- *Um dedinho de Deus na Terra*: crônicas a um pai; em coautoria com José Homero Adabo (Campinas, Ed. Komedi, 2010).
- *Ultrapassando a fragmentação*: pedagogia da inteireza na educação de jovens e adultos (Uberaba, Editora e Gráfica Cenecista Dr. José Ferreira, 2012).

contatos da autora

www.magdavilasboas.com.br

contato@magdavilasboas.com.br

(19) 3252-2661

correspondência

Magda Vilas-Boas
Avenida das Andorinhas, 525, apt. J11
Bairro das Andorinhas
13101-400 Campinas, SP

Este livro foi composto na família tipográfica
American Garamond BT e *Helvetica Neue (T1)*
e impresso em papel *Offset 75g/m²*

FSC
www.fsc.org
MISTO
Papel produzido a partir de fontes responsáveis
FSC® C008008

Edições Loyola

editoração impressão acabamento

rua 1822 nº 341
04216-000 são paulo sp
T 55 11 3385 8500
F 55 11 2063 4275
www.loyola.com.br